STREET Food BERLIN

Foto: Canadastock/Shutterstock.com

Laura Fölmer | Annika Schönstädt

STREET Food BERLIN

Dem Hunger nach quer durch die Stadt

HAFTUNGSAUSSCHLUSS

Autoren und Verlag haben den Inhalt dieses Buches mit großer Sorgfalt und nach bestem Wissen und Gewissen zusammengestellt. Für eventuelle Schäden, die als Folge von Handlungen und/oder gefassten Beschlüssen aufgrund gegebener Informationen entstehen, kann dennoch keine Haftung übernommen werden.

IMPRESSUM

avBUCH im Cadmos Verlag

Gestaltung und Satz: ravenstein2, Verden
Lektorat: Cora Glüsing

Coverfoto: Alexander Ryabintsev www.shutterstock.com
Fotos im Innenteil: Amin Akhtar http://aminakhtar.de; Kathleen Jaedtke/ www.travelcats.de; www.biteclub.de; www.streetfoodaufachse.de; www.shutterstock.com; www.fotolia.com, www.berlinfoodweek.de
Stadtkarte: Berndt&Freytag

Druck: Graspo CZ, a.s., Tschechische Republik, www.graspo.com

Deutsche Nationalbibliothek – CIP-Einheitsaufnahme
Die Deutsche Nationalbibliothek verzeichnet diese Publikation in der Deutschen Nationalbibliografie; detaillierte bibliografische Daten sind im Internet über http://dnd.ddb.de abrufbar.

Printed in Czech Republic

ISBN: 978-3-8404-7040-0

(Foto: Amin Akhtar)

Vorwort

Street Food – zu Deutsch „Essen auf der Straße" – gibt es nicht erst seit ein oder zwei Jahren. Laut einer Studie der Ernährungs- und Landwirtschaftsorganisation der Vereinten Nationen aus dem Jahr 2007 ernährten sich bereits zu diesem Zeitpunkt circa 2,5 Milliarden Menschen täglich von Street Food. Der historische Ursprung von Street Food geht weit zurück, Gerichte wie Kirchererbsensuppe und gebratener Fisch wurden bereits im 8. Jahrhundert vor Christus, also zur Zeit des antiken Griechenlands, auf der Straße zum Kauf angeboten. Auf dem asiatischen Kontinent boten Großküchen bereits im zwölften Jahrhundert Gerichte in kleinen Portionen und zum Essen auf der Straße an. Auch auf orientalischen Basaren können die Wurzeln des Street Food nachverfolgt werden. Dort gab es bereits Garküchen, in denen Gerichte zum sofortigen Verzehr zubereitet wurden. Während des Mittelalters wurden die auch heute populären Rostbratwürstchen im Brot in Deutschland etabliert und an Fußgänger verkauft. Doch obwohl Street Food auch in der Vergangenheit immer beliebt war, gab es im Gegensatz zu heute keinen Hype um Street Food. In Deutschland und auch anderen Ländern etablieren sich die kultigen Gerichte immer mehr und werden in Berlin, zumindest gefühlt, immer beliebter.

Noch vor ein bis zwei Jahren hätten die wenigsten Menschen in Berlin – der Street-Food-Hochburg Deutschlands – dem Begriff „Street Food" eine konkrete Beschreibung beziehungsweise Begrifflichkeit zuordnen können. Inzwischen hat sich dies geändert. Street Food ist zu einem Schlagwort geworden. Assoziiert wird es mit einer hippen und trendigen Kultur. Bevor der Street-Food-Trend aus den USA nach Deutschland schwappte, war die To-go-Esskultur in Berlin von Imbissbudengerichten wie halben Hähnchen, Currywurst oder Döner bestimmt. Im Gegensatz dazu ist Street-Food nicht nur das Essen an sich, sondern es ist geprägt von der Idee, dass Essen als Gemeinschaftserlebnis gesehen wird. Zusammen Essen gehen, so wie es auf den diversen Street-Food-Märkten in Berlin möglich ist, ist das neue Ausgehen. Zu den Street-Food-Events gehört ein bestimmtes Flair. Die Atmosphäre ist locker und entspannt, es werden verschiedenste kulinarische Köstlichkeiten auf Bänken sitzend verzehrt, dazu legt im Hintergrund ein DJ Musik auf.

Ursprünglich wurden in Berlin einige ausgewählte kleine Speisen und Getränke zum Mitnehmen in fahrbaren Verkaufsständen, den sogenannten Foodtrucks, auf öffentlichen Plätzen oder Märkten verkauft. Ganz typisch für Street Food ist, dass es direkt vor den Augen der

Kunden zubereitet wird. Inzwischen gibt es in Berlin verschiedene feste Orte, an denen die Stände oder Foodtrucks regelmäßig anzutreffen sind. Populär wurde Street Food in Berlin besonders durch die ersten regelmäßigen Events in der Markthalle Neun. Dort und auch in der Arminiusmarkthalle in Moabit gibt es Steet Food auch an festen Ständen. Zudem gibt es wöchentlich wiederkehrende Events, wie zum Beispiel Street Food auf Achse in der Kulturbrauerei oder verschiedenste Wochenmärkte, unter anderem am Winterfeldtplatz, an dem es regelmäßig immer wieder neue Street-Food-Gerichte zu probieren gibt. Interessant zu wissen ist auch, dass viele Street-Food-Lokal-Betreiber ursprünglich mit einem Stand in einer der Markthallen oder einem Foodtruck begonnen haben.

Der Foodblogger Stevan Paul beschreibt Street Food als „Fast Food Deluxe". Ähnlich wie Fast Food ist auch Street Food eine kleine kompakte Speise, die auf der Hand mitnehmbar ist. Doch im Gegensatz zu Fast Food haben die Betreiber der Lokale, Stände oder Trucks den Anspruch, dass die Zutaten, die zum Zubereiten der Speisen verwendet werden, aus regionalem und/oder biologischem Anbau kommen. Dies gilt nicht nur für Obst und Gemüse, sondern auch für das verwertete Fleisch und den Käse. Die Lokale, Stände und Trucks, die in diesem Buch vorgestellt werden, servieren zum Teil sehr ausgefallene Street-Food-Kreationen oder Gerichte, von denen hierzulande noch niemand etwas gehört hat. Zum Teil sind es altbekannte Gerichte, die einen besonderen Pfiff haben. In jedem Fall ist jedes der hier vorgestellten Street-Food-Lokale und jeder der Stände oder Trucks die Reise quer durch Berlin wert.

(Foto: Amin Akhtar)

(Foto: Amin Akhtar)

STREET Food LÄDEN

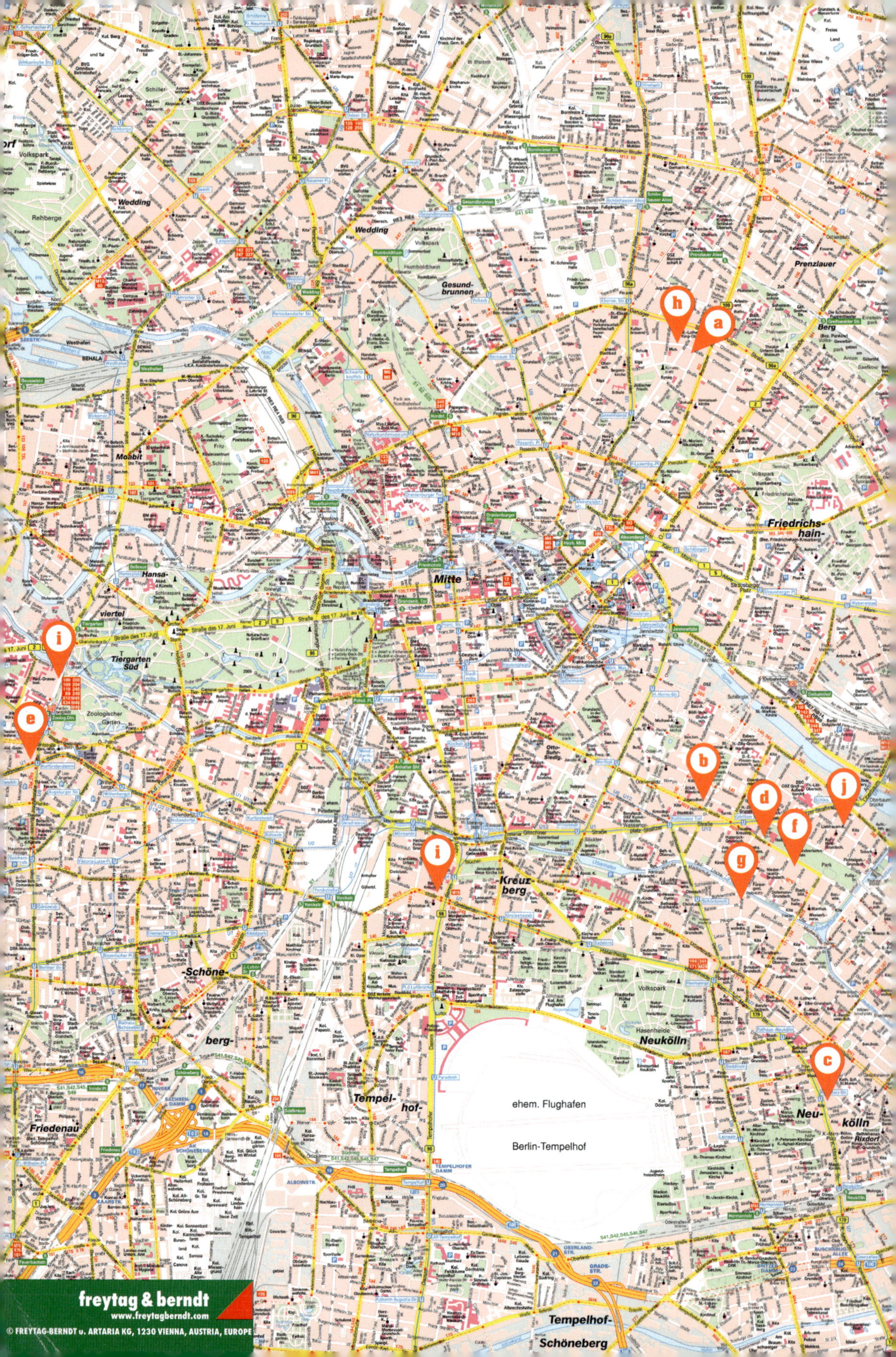

Wedding
Volkspark
Rehberge
Gesund-
brunnen
Moabit
Hansa-
viertel
Tiergarten
Süd
Zoologischer
Garten
Mitte
Prenzlauer
Berg
Friedrichs-
hain-
Kreuz-
berg
Schöne-
berg-
Tempel-
hof-
Neukölln
Neu-
kölln
Rixdorf
Friedenau
ehem. Flughafen
Berlin-Tempelhof
Tempelhof-
Schöneberg
a
b
c
d
e
f
g
h
i
j
freytag & berndt
www.freytagberndt.com
© FREYTAG-BERNDT u. ARTARIA KG, 1230 VIENNA, AUSTRIA, EUROPE

Karte

a) Akemi - Asian Soul Kitchen:
Asiatische Fusionsküche
Rykestraße 39, 10405 Berlin

- Sushi
- Suppen, z.B. Misosuppe
- Dumplings
- Reisgerichte, z.B. Veggie Wok
- Es stehen auch vegane und vegetarische Gerichte zur Auswahl

How to get there:
Öffentliche Verkehrsmittel in der Nähe
> U-Bahnhaltestelle Senefelder Platz und U-Bahnhaltestelle Eberswalder Straße
> Tramhaltestelle Marienburger Straße und Tramhaltestelle Prenzlauer Allee/ Danziger Straße

b) Angry Chicken:
Koreanische Küche
Oranienstraße 16, 10999 Berlin

- Korean Fried Chicken – nach koreanischer Art zubereitetes Hühnchen
- Burger – mit Hühnchen, Rindfleisch, vegetarisch oder vegan
- Bibimbap – koreanisches Reisgericht
- Es stehen auch vegane und vegetarische Gerichte zur Auswahl

How to get there:
Öffentliche Verkehrsmittel in der Nähe
> U Bahnhaltestelle Kottbusser Tor und U-Bahnhaltestelle Görlitzer Bahnhof
> Bushaltestelle Heinrichplatz und Bushaltestelle Mariannenplatz

c) Bottega Nr 6:
Italiensche Küche
Richardstraße 6, 12043 Berlin

- Pasta, z.B. Cannelloni, Lasagne
- Sandwiches
- Zum Mitnehmen: italienischer Käse, Schinken, Weine, Grappa
- Es stehen auch vegetarische Gerichte zur Auswahl

How to get there:
Öffentliche Verkehrsmittel in der Nähe
> U-Bahnhaltestelle Rathaus Neukölln
> U-Bahnhaltestelle Karl-Marx-Straße

d) Bourbon Dogs:
Hotdogs
Spreewaldplatz 14, 10999 Berlin

- Hotdogs – hausgemacht
- Whiskey
- Sonntag: Lobster Roll Sunday

How to get there:
Öffentliche Verkehrsmittel in der Nähe
> U-Bahnhaltestelle Görlitzer Bahnhof
> Bushaltestelle Spreewaldplatz

e) Burger de Ville:
Burger
Kurfürstendamm 22, 10719 Berlin

- Burger – hausgemachte Buletten
- Pommes – hausgemacht

How to get there:
Öffentliche Verkehrsmittel in der Nähe
> U-Bahnhaltestelle Kurfürstendamm
> S- und U-Bahn Zoologischer Garten

f) Chai Wallahs - Culture Cuisine:
Indische Küche
Wiener Straße 34, 10999 Berlin

- Naanwich – Mischung aus Naan und Sandwich
- Vegetarisch oder mit Fleisch
- Chai-Tees

How to get there:
Öffentliche Verkehrsmittel in der Nähe
> Bushaltestelle Ohlauer Straße
> Bushaltestelle Spreewaldplatz
> U-Bahnhaltestelle Görlitzer Bahnhof

g) Chicha - Peruvian Cuisine:
Peruanische Küche
Friedelstraße 34, 12047 Berlin

- Offene Ceviche-Bar – verschiedene Sorten roher Fisch in Limettensaft eingelegt
- Fleischgerichte, z.B. BBQ Pork
- Fisch, z.B. Thunfisch, Oktopus-Gerichte
- Vegetarisch, z.B. Quinoa-Gerichte

How to get there:
Öffentliche Verkehrsmittel in der Nähe
> U-Bahnhaltestelle Schönleinstraße

h) Chutnify - Indian Street Food Berlin:
Indische Küche
Sredzkistraße 43, 10435 Berlin

- Dosa – Wrap aus Reismehl und Linsen
- Tandoori-Gerichte
- Indische Salate
- Reisgerichte, z.B. Lammhack mit grünen Bohnen
- Es stehen auch vegane und vegetarische Speisen zur Auswahl

How to get there:
Öffentliche Verkehrsmittel in der Nähe
> Tramhaltestelle Husemannstraße
> Tramhaltestelle Prenzlauer Allee/ Danziger Straße
> Tramhaltestelle Marienburger Straße

i) Curry 36:
Currywurst und Schnitzel
Filiale Mehringdamm:
Mehringdamm 36, 10961 Berlin
Filiale am Bahnhof Zoologischer Garten:
Hardenbergplatz 9, 10623 Berlin

- Currywurst mit oder ohne Darm
- Hausgemachter Ketchup
- Schnitzel
- Buletten

How to get there:
Öffentliche Verkehrsmittel in der Nähe
> Filiale Bahnhof Zoologischer Garten: Bushaltestelle Jebenstraße, Bushaltestelle Joachimstaler Straße/Kantstraße
> Filiale Mehringdamm: Bushaltestelle Mehringdamm

j) HelloGoodPie:
Herzhafte Pies
Falckensteinstraße 9, 10997 Berlin

- Pies – kleine deftige Kuchen
- Mit Fleisch, z.B. Steak und Genuine Pies
- Vegetarisch, z.B. Ratatouille und Ziegenkäse-Pie
- Es stehen auch vegane und vegetarische Speisen zur Auswahl

How to get there:
Öffentliche Verkehrsmittel in der Nähe
> U-Bahnhaltestelle Schlesisches Tor
> Bushaltestelle Falckensteinstraße

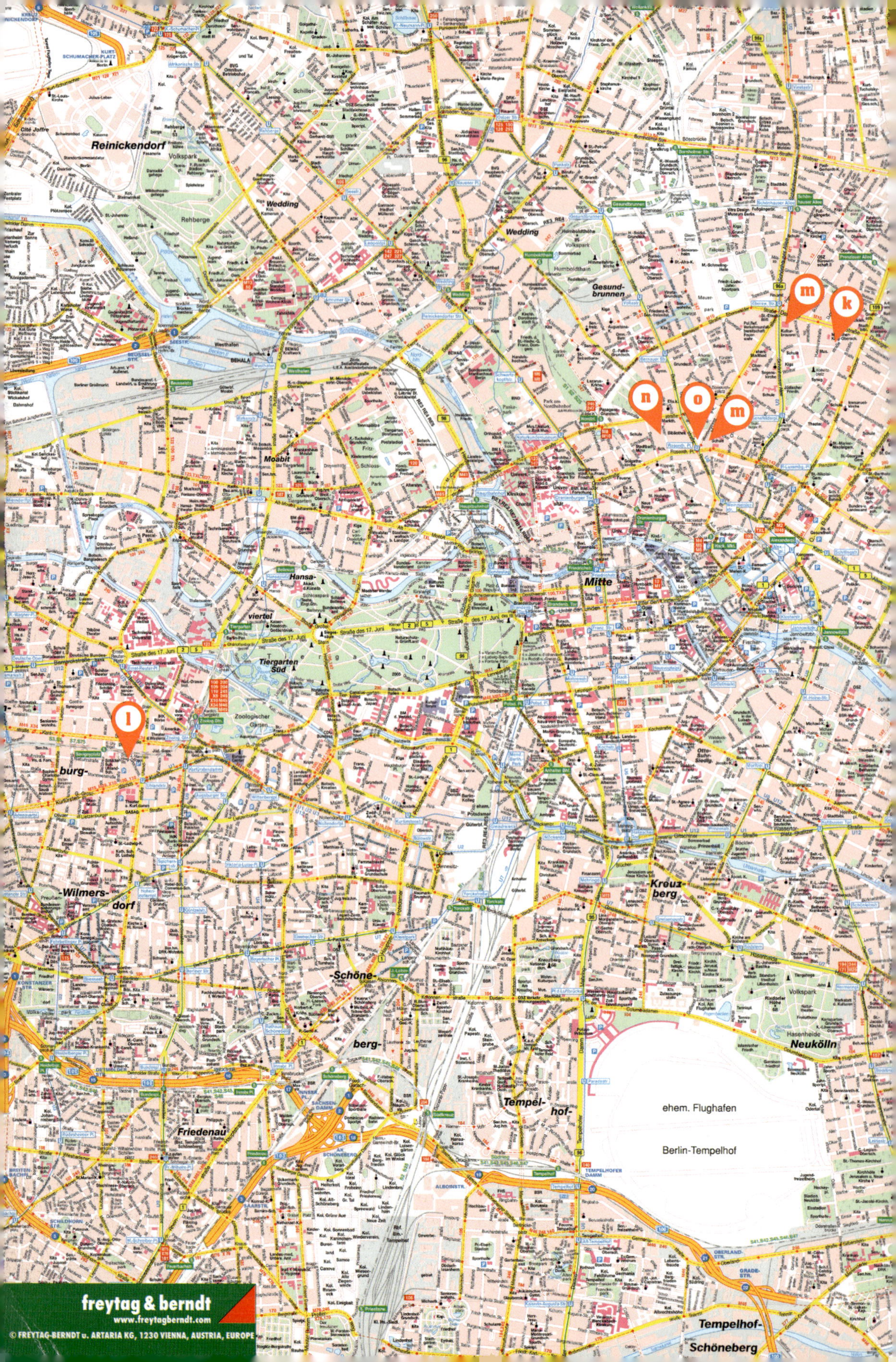
Reinickendorf
Wedding
Gesundbrunnen
Moabit
Hansaviertel
Tiergarten Süd
Zoologischer Garten
Straße des 17. Juni
Mitte
Otto-Suhr-Siedlung
Kreuzberg
Neukölln
Wilmersdorf
Schöneberg
Friedenau
Tempelhof
ehem. Flughafen
Berlin-Tempelhof
Tempelhof-Schöneberg
k
l
m
n
o
freytag & berndt
www.freytagberndt.com

KarTe

k) Hirsch & Eber:
Wild Grill
Kollwitzstraße 87, 10435 Berlin

- Burger mit Wildbuletten
- Wildschwein mit Süßkartoffelstampf
- Wildfleisch-Hotdogs
- Vegetarische Burger
- Es stehen auch vegetarische Speisen zur Auswahl

How to get there:
Öffentliche Verkehrsmittel in der Nähe
> U-Bahnhaltestelle Prenzlauer Allee/Danziger Straße
> Tramhaltestelle Husemannstraße

l) KLX Koshary Lux:
Koshary und andere orientalische Gerichte
Grolmanstraße 27, 10623 Berlin

- Koshary – vegetarisches Gericht aus Linsen, Kichererbsen, Makkaroni und Tomatensoße
- Salate
- Kirchererbsensoufflé
- Es stehen auch vegane und vegetarische Speisen zur Auswahl

How to get there:
Öffentliche Verkehrsmittel in der Nähe
> S-Bahnhof Savignyplatz, Bushaltestelle Savignyplatz, Bushaltestelle Uhlandstraße/Kantstraße

m) Neta - Mexican Street Food:
Mexikanische Küche
Filiale 1: Weinbergsweg 5, 10119 Berlin
Filiale 2: Schönhauser Allee 44, 10435 Berlin

- Tacos
- Quesadillas
- Burritos
- Es stehen auch vegetarische Speisen zur Auswahl

How to get there:
Öffentliche Verkehrsmittel in der Nähe
> Filiale Weinbergsweg: U-Bahnhaltestelle Rosenthaler Platz, Bushaltestelle Rosenthaler Platz, Tramhaltestelle Rosenthaler Platz
> Filiale Schönhauser Allee: U-Bahnhaltestelle Eberswalder Straße/Pappelallee, ebenfalls mit Tram und Bus erreichbar, Haltestellen haben gleichen Namen

n) The Ponch - Thai Street Food:
Thailändische Küche
Ackerstraße 155, 10115 Berlin

- Salate, z.B. Papaya-Salat
- Thailändisches Curry
- Es stehen auch vegane und vegetarische Speisen zur Auswahl

How to get there:
Öffentliche Verkehrsmittel in der Nähe
> Bus- und Tram-Haltestelle
> Invalidenstraße/Brunnenstraße

o) Tak Tak - Polish Deli:
Polnische Küche
Brunnenstraße 5, 10119 Berlin

- Polnische Teigtaschen Piroggen
- Suppen, z.B. Rote-Bete-Suppe
- Eintopf, z.B. Bigos
- Es stehen auch vegetarische Speisen zur Auswahl

How to get there:
Öffentliche Verkehrsmittel in der Nähe
> U-Bahnhaltestelle Rosenthaler Platz sowie Tramhaltestelle mit gleichem Namen und Bus- und Tramhaltestelle Invalidenstraße

(Foto: Amin Akhtar)

Akemi – Asian Soul Kitchen

Rykestraße 39
10405 Berlin

Telefon: 030 44013188

www.akemi-berlin.de
www.facebook.com/akemiberlin

Öffnungszeiten:
Montag bis Sonntag 12:00 – 0:00 Uhr

Inhaberin:
Xiaofen Fan

Küchenchef:
Pham Puan Dung

Küche:
Asiatische Fusionsküche

Preise:
Vorspeise ab 3,50 €
Salat ab 6,90 €
Hauptgericht ab 7,50 €

„Schmeckt genau wie bei meiner Mutter."

2014 eröffnete das Street-Food-Lokal Akemi, dessen Name auf Japanisch „schön und fröhlich" bedeutet, im Bezirk Prenzlauer Berg. Die Einrichtung ist modern und puristisch mit traditionellen Elementen. Einzelne Glühlampen hängen als Beleuchtung über den Holztischen. An den Wänden sind asiatische Malereien mit Motiven von Koi Karpfen zu sehen. Das Ambiente im Akemi passt zu den Gerichten, die auf der Karte zu finden sind.

Nach dem Konzept „Leib und Seele mit leckeren und gesunden Speisen beglücken" hat sich die Inhaberin Xiaofen Fan dazu entschieden, mit den Spezialitäten aus verschiedenen asiatischen Ländern eine sogenannte asiatische Fusionsküche anzubieten. So werden unter anderem „Sushi" aus Japan, „Dumplings" aus China, „Pho-Suppe" und „Tiger-Prawn-Salat" aus Vietnam serviert. Das Lieblingsgericht von Xiaofen Fan ist „Shumai": mit Schwein gefüllte chinesische Dumplings. Das Rezept stammt von ihrer Mutter, die extra in den Laden kam, um dem aus Vietnam stammenden Küchenchef Pham Puan Dung die Zubereitung beizubringen.

Bei den Gerichten wird größter Wert darauf gelegt, dass sie zu 100 Prozent authentisch sind. Allerdings werde aus Rücksicht auf deutsche Gewohnheiten auf Exotisches wie „Hühnerfüße" verzichtet, so Xiaofen Fan.

(Fotos: Amin Akhtar)

„Vor uns gab es zwar auch schon koreanische Restaurants, aber sie haben eher versucht, sich geschmacklich den Europäern anzupassen. Das alles wollten wir nicht. Wir haben immer gesagt: Wir kochen ganz traditionell."

Bunt, grell, laut, verrückt: Mit diesen Worten lässt sich das Angry Chicken in der Oranienstraße in Kreuzberg am besten beschreiben. Bei dem Imbiss handelt es sich um den kleinen Bruder des koreanischen Restaurants Kimchi Princess, das fünf Minuten zu Fuß entfernt ist. Wie der Name es schon vermuten lässt, hat sich Angry Chicken auf Hähnchen spezialisiert. Genauer: knuspriges „Korean Fried Chicken" mit exotischen Gewürzen.

Wenn es um die Zubereitung der Hähnchenflügel geht, halten sich die Betreiber eher bedeckt. „Vor uns gab es zwar auch schon koreanische Restaurants, aber sie haben eher versucht, sich geschmacklich den Europäern anzupassen. Mit gebratenem Reis, Sushi, nicht zu viel Knoblauch, nicht zu viel Schärfe. Das alles wollten wir nicht. Wir haben immer gesagt: Wir kochen ganz traditionell", sagt Young-Mi Park Snowden. Die Marinade-Rezepte und das spezielle Frittierverfahren sind das gut gehütete Geheimnisse von ihr und Andrea Volpato. Auch bei der Benennung der Hähnchenvariationen waren sie besonders kreativ: So wird zum Beispiel „Friendly Chicken Classic Crunch" serviert. Wer es scharf mag, wählt das Menü „So So Angry Extra Spicy" oder das „Furious Chicken Super Spicy". Für alle, die ihr Hühnchen weniger „Spicy" mögen, stehen unter anderem Kreationen wie „Sexy Chicken" mit Knoblauch-Soja-Soße oder auch das „Angry Chicken" mit süßer Chillisoße und Zimt auf der Speisekarte.

Neben den diversen Hühnchenvariationen stehen auch Gerichte mit Rindfleisch sowie vegetarische und vegane Speisen zur Auswahl. Es gibt zum Beispiel die Menüs „Angry Beef" und „Happy Vegan Burger". Beim „veganen Burger" spielt eine weitere koreanische Spezialität die Hauptrolle, nämlich der „Kimchi-Salat", ein speziell fermentiertes Kohlgemüse, das in Korea als Nationalgericht gilt. Serviert werden die Menüs entweder mit Süßkartoffel-Pommes oder klassischen Pommes Frites. Dazu gibt es hausgemachten Ketchup oder Mayonnaise. Auch bei dieser gibt es zwei koreanische Abwandlungen. Zur Auswahl stehen entweder eine scharfe oder ein süße Gochunjang-Mayonnaise.

Bei der Herstellung aller Gerichten wird kein Glutamat verwendet. Neben „Korean Fried Chicken" und Burgern wird im Angry Chicken auch „Bibimbap", ein Reisgericht, angeboten. Es kann mit Rindfleisch oder Tofu bestellt werden. Aber auch die bekannte „Miso-Suppe" und „Twigim" – frittierte Gemüsestreifen – stehen auf der Speisekarte. Wer die Mahlzeit vollends „koreanisch" gestalten möchte, bestellt zu den Speisen eines der frisch gemachten koreanischen Getränke wie „Soju Pop", einen Seoul Mule Cocktail, mit feinen Gurkenscheiben und Limetten auf Crushed Ice oder ein koreanisches Bier.

(Fotos: Amin Akhtar)

Angry Chicken

Oranienstraße 16
10999 Berlin

Telefon: 030 69599427

www.angry-chicken.com
www.facebook.com/angrychickenberlin

Öffnungszeiten:
Montag bis Sonntag 12:00 – 22:00 Uhr

Inhaberinnen:
Young-Mi Park-Snowden,
Andrea Volpato

Küche:
Koreanische Küche

(Foto: Amin Akhtar)

Bottega Nr 6

Richardstraße 6
12043 Berlin

www.facebook.com/Bottega-Nr-6-386523694875489

Öffnungszeiten:
Montag bis Freitag 10:30 – 22:30 Uhr
Samstag 15:00 – 23:30 Uhr

Sonntags finden einzelne Veranstaltungen statt

Inhaber:
Giulio Tarantino

Köchin:
Irene de Simone

Küche:
Italienische Küche

Preise:
Focaccia ab 3,50 €

„Hier ist alles mit Liebe gemacht. Hier gibt es keinen Luxus, sondern gutes Essen, wie in einer italienischen Familie.“

Das Bottega Nr 6 in Neukölln hat das Potenzial zum neuen Lieblingsitaliener im Richardkiez. Und das, obwohl man eine große Pizzakarte hier vergeblich sucht. Inhaber Giulio Tarantino hat sich auf italienisches, genauer gesagt neapolitanisches Street Food, spezialisiert. Das heißt für ihn ganz einfach alles, was man unterwegs essen kann. Trotzdem darf man das von Köchin Irene de Simone frisch zubereitete Essen im Bottega Nr 6 natürlich auch im Sitzen genießen. Das kleine Bistro mit rund 15 Plätzen ist rustikal italienisch eingerichtet. Über der Theke hängen getrockneter Knoblauch und Chili. Für das passende Licht sorgen leere Chiantiflaschen als Kerzenständer.

Giulio Tarantino ist eigentlich Regisseur, hat aber sein ganzes Leben nebenbei in Bars und Restaurants gearbeitet. Mit der Eröffnung seines eigenen Ladens im Juni 2015 ging deshalb für ihn ein Traum in Erfüllung. Für den Kiez hat er sich entschieden, weil er, praktischerweise, gleich um die Ecke wohnt. Da der Italiener selbst nicht gern in der Küche steht, sondern sich bereits zuvor auf den Import von Lebensmitteln aus seiner Heimat spezialisiert hat, hat er sich mit Irene de Simone zusammen getan. Die stammt aus Neapel und dementsprechend regional liest sich auch das Menü. Ihre Rezepte sind klassisch italienisch, viele Rezepte hat sie aus dem bewährten Fundus ihrer Familie mit nach Deutschland gebracht. Und so gibt es hausgemachte Lasagne, selbst gemachte Pasta mit verschiedenen Soßen und Cannelloni. Dazu werden Sandwiches aus italienischem Ciabatta-Brot mit original italienischem Käse oder Schinken belegt, der an der gläsernen Theke vor den Augen des Gastes frisch aufgeschnitten wird.

Die Lebensmittel sind größtenteils direkt aus Italien importiert, so auch die Weine und der Grappa, von dem die Kunden auch gerne eine Flasche mit nach Hause nehmen können.

(Fotos: Amin Akhtar)

„Eine Prise Brooklyn und eine Prise Kreuzberg, dazu Old School Hip Hop und das alles in einem Cocktailglas vermischt."

Das Bourbon Dogs in Kreuzberg wird von Max Paarlberg, einem in London aufgewachsenen Niederländer, betrieben. Obwohl er ein großer Fan US-amerikanischen Fast Foods ist, wollte er nicht noch einen weiteren Burger-Laden in Berlin eröffnen.

Nachdem er also beschlossen hatte, sich auf Hotdogs zu spezialisieren – denn die gebe es in Deutschland eigentlich nur bei Ikea –, machte er sich auf den Weg nach New York, um dem Geheimnis des uramerikanischen Snacks auf den Grund zu gehen, der seine Wurzeln eigentlich in Frankfurt hat. Am Anfang sei es schwer gewesen, die Leute davon zu überzeugen, mehr als einen Euro für einen Hotdog auszugeben, so Max Paarlberg. „Die Leute essen gerne schlechte Hotdogs, weil sie der Geschmack an ihre Kindheit erinnert." Er selbst schließe sich da nicht aus.

Im Bourbon Dogs setzt der Neuberliner, der sein Handwerk in einem Londoner Luxushotel gelernt hat, jedoch auf hochwertige Zutaten, das heißt, gutes Fleisch und gutes Brot, das nach einem geheimen Rezept gebacken wird. Serviert werden die Hotdogs – typisch amerikanisch – in roten Plastikkörbchen. Es gibt unterschiedliche Variationen, unter anderem den „Bourbon Dog" (mit Coleslaw, BBQ-Soße und gerösteten Zwiebeln), die „Cheese Louise" (mit Käsesoße) oder den „Dirty Sanchez" (mit Avocado, Pico de Gallo und Sour Cream). Als Beilagen stehen „Coleslaw", nach einem persönlichen Rezept des Chefs, „Caesar Salad" oder hausgemachte saure Gurken zur Auswahl.

Zur rustikal-intimen Atmosphäre des Bourbon Dogs mit dunklem Holz und dunklem Leder passt die Auswahl an amerikanischem Whiskeys und Craftbeer. Dazu gibt es eine kleine Auswahl an Gins, mehr nicht.

Jeden Sonntag wird das Konzept des Bourbon Dogs um klassische New England Style „Lobster Rolls" erweitert. Zu den Sandwiches mit kanadischem Hummerfleisch werden dann „Champagner-Cocktails" und „Bloody Marys" serviert.

(Fotos: Amin Akhtar)

Bourbon Dogs

Spreewaldplatz 14
10999 Berlin

www.bourbon-dogs.com
www.facebook.com/BourbonDogs

Öffnungszeiten:
Dienstag bis Samstag 17:00 – 2:00 Uhr
Sonntag 12:00 – 0:00 Uhr

Inhaber:
Max Paarlberg

Küche:
Hotdogs

Preise:
Hotdog ab 4,50 €
Side Salad ab 2,50 €

Sonntag: Lobster Roll Sunday ab 20 €

(Fotos: Amin Akhtar)

Burger de Ville

Kurfürstendamm 22
10719 Berlin

www.25hours-hotels.com/de/bikini/home/home.html
www.facebook.com/BurgerDeVilleByTwentyFiveHoursHotels

Öffnungszeiten:
Montag bis Freitag 11:00 – 22:00 Uhr
Samstag bis Sonntag 12:00 – 22:00 Uhr

Inhaber:
Jürgen Klümpen

Küche:
Burger

Preise:
Classic Burger ab 4,20 €
vegetarischer Burger ab 4,80 €
Fries ab 3,00 €

Der meistverkaufte ist der Cheese Burger für 4,60 € (Double 7,00 €)

„Der Burger an sich muss so viel Geschmack haben, dass man sonst gar nicht mehr viel braucht."

Das Burger de Ville wurde im Januar 2016 im Neuen Kranzler Eck am Kurfürstendamm eröffnet. Doch die Geschichte des Black-Angus-Dealers im Berliner Westen beginnt schon einige Jahre früher. Inhaber Jürgen Klümpen entdeckte in New York seine Liebe zum Burger und entwickelte 2011 ein erstes Konzept für einen Laden in Berlin. Doch dann kam ihm ein silberner Airstream aus den 30er-Jahren und das „25hours Hotel Bikini Berlin" dazwischen. Gemeinsam mit dem CEO der Kette hatte Klümpen die Idee, aus dem zum Foodtruck umgebauten Wohnwagen Burger zur Eröffnung des Hauses an der Budapester Straße zu verkaufen. Und so bezog Klümpen 2012 erstmals Stellung vor dem Zoo Palast, musste jedoch bald einem Konkurrenten weichen. Es folgten Stationen in Hamburg, Wien, am Berliner Checkpoint Charlie und schließlich im Neuen Kranzler Eck. In dieser Zeit hat sich der Burger-de-Ville-Airstream zu einer Institution entwickelt. Doch bis dahin war es ein weiter Weg. In den ersten acht Monaten stand der Inhaber, der heute auch Food & Beverage Manager des „25hours Hotel Bikini Berlin" ist, noch jeden Tag selbst am Grill. Es habe eine Weile gebraucht, die Kunden zu überzeugen, mehr als bei der Fast-Food-Konkurrenz für einen Burger auszugeben, sagt er.

Jürgen Klümpen absolvierte ein Kochlehre in Krefeld, war dann Trainee im „Vier Jahreszeiten" in München, besuchte die Hotelfachschule in Montreux in der Schweiz und Providence, Rhode Island, und übernahm nach sechs Jahren im New Yorker „Waldorf Astoria" und „Intercontinental" den Blumengroßhandel seines Vaters. Nach zehn Jahren verkaufte er den Laden, weil er zurück in die Gastronomie wollte.

Mit seinem festen Laden hat er sich nun bewusst für die City-West entschieden. „Für Kreuzberg bin ich zu alt", sagt er und lacht. Dort verkauft er nun „Classic Burger", „Cheese Burger", aber auch vegetarische Burger. Das Fleisch kommt vom Bio-Hof Zempow in Brandenburg und ist zu 100 Prozent organic. Damit ein Burger wirklich gut ist, sei die Qualität des Fleischs besonders wichtig, so Klümpen. Dabei müsse das Fleisch kein Filet oder Edelfleisch sein. Das Brot, im Burger-Jargon „Bun" genannt, wird von einer Meister-bäckerin in Berlin gebacken. Um einen wirklichen schmackhaften und qualitativ hochwertigen Burger zu kreieren, müssen frische Zutaten verwendet werden. Wenn möglich, stammt auch das Gemüse aus regionalen Erzeugnissen. Künstliche Zusätze und Konservierungsstoffe kommen bei Jürgen Klümpen nicht in die Küche. Das überzeugt mittlerweile auch die Berliner. „Wer einmal kommt, kommt immer wieder", sagt er. Genauso wie der Airstream. Der soll im Sommer 2016 an einem neuen Standort wieder aufgestellt werden.

„Für Street Food braucht man Brot und Fleisch, keine Teller. Man muss es in der Hand halten können und damit laufen können."

Dort, wo Oli Wakeham seine beruflichen Wurzeln hat, isst man nur selten mit den Händen und schon gar nicht im Stehen. Der gebürtige Brite hat sein Handwerk bei einem Zwei-Sterne-Koch gelernt und zehn Jahre lang im Fine-Dining-Bereich in London und Paris gearbeitet, bevor es ihn 2010 nach Berlin verschlug. Zuvor hatte er sich auf einer Reise nach Indien in das Essen des südasiatischen Landes verliebt und war geblieben. Noch heute kehrt er mindestens einmal im Jahr zurück, um sich direkt vor Ort aufs Neue kulinarisch inspirieren zu lassen. In Berlin arbeitete er zunächst in verschiedenen Restaurants, bevor er sich 2013 mit einem Stand in der Makthalle Neun selbstständig machte. Seinen eigenen Laden gegenüber des Görlitzer Parks eröffnete er im Herbst 2015. Mittlerweile hat Wakeham zehn Mitarbeiter, die jede Woche auf Street-Food-Märkten in ganz Deutschland für ihn unterwegs sind.

Sein Chai Wallahs, was auf Deutsch übrigens Teemacher bedeutet, beschreibt er als traditionell und unkonventionell zugleich. In Indien verstehe man unter einem klassischen Street-Food-Gericht beispielsweise „Tandoori Chicken", ein einfaches Stück Fleisch oder Käse, schnell und unkompliziert zubereitet. „Für Street Food braucht man Brot und Fleisch, keinen Teller. Man muss es in der Hand halten können und damit laufen können", sagt Oli Wakeham. Und so ist die Spezialität des Ladens das eigens erfundene „Naanwich". Das Angebot ist vielfältig und reicht von den Sorten „Marind Pork", „Chicken Tikka", „Goan Prawns", „Paneer Tikka" bis „Veggie". Dazu gibt es, dem eigenen Namen entsprechend, natürlich auch Tee.

(Fotos: Amin Akhtar)

(Fotos: Amin Akhtar)

Chai Wallahs – Culture Cuisine

Wiener Straße 34
10999 Berlin

www.facebook.com/Chaiwallahsberlin

Öffnungszeiten:
Dienstag bis Sonntag 12:00 – 22:00 Uhr

Jede Woche in der Markthalle Neun beim Street Food Thursday.

Inhaber und Koch:
Oli Wakeham

Küche:
Indische Küche

Preise:
Naanwich ab 6 €

(Foto: Amin Akhtar)

Chicha – Peruvian Cuisine

Friedelstraße 34
12047 Berlin

Telefon: 030 62731010

www.chicha-berlin.de
www.facebook.com/ChichaBerlin

Öffnungszeiten:
Mittwoch bis Sonntag 18:00 – 0:00 Uhr

Inhaber:
Robert Peveling-Oberhag

Koch:
Ariel Peralta

Küche:
Peruanische Küche

Preise:
Ceviche ab 4,50 €
Hauptgerichte ab 6,50 €
Desserts ab 4,00 €

„Immer wenn es gutes Essen gab, war es peruanisch."

Das Chicha ist vom ersten bis zum letzten Eindruck außergewöhnlich. Dabei spiegelt die Einrichtung – eine Mischung aus Industriecharme und bunten, mit einer japanischen Maltechnik gestalteten Wänden – die Kreationen aus der Küche wider: peruanische Gerichte mit japanischen Einflüssen. Der Besitzer Robert Peveling-Oberhag hat auf seinen Reisen viele Jahre lang die südamerikanische Küche studiert, mit dem persönlichen Ergebnis: Immer, wenn es etwas besonders Gutes zu essen gab, war es peruanisch. Deshalb hat er im Oktober 2015 seinen Laden unweit des Landwehrkanals eröffnet. Davor war der gebürtige Düsseldorfer knapp ein Jahr lang mit einen Ceviche-Stand auf den Street-Food-Märkten Berlins unterwegs. Sein Koch Ariel Peralta hat zuvor unter dem peruanischen Spitzenkoch Virgilio Martínez Véliz im Restaurant Central in Lima gearbeitet.

Auf der Speisekarte dominieren Fischgerichte, beispielsweise „Ostras Chalacas" von der offenen Ceviche-Bar mit Austern, Zitrussäften, Tomaten und Mais. Aber auch Thunfisch und Jakobsmuscheln werden in verschiedenen Variationen serviert. Hinter „Tiradito de Conchas" verbergen sich Jakobsmuscheln mit Ponzu-Soße, Tigermilch und Zitrus. Die vegetarischen Gerichte wie „Yuquitas" – frittierter Maniok, gefüllt mit Käse und Salsa Huancaina – sind ebenfalls traditionelle Rezepte und deshalb im Menü nicht explizit als solche gekennzeichnet. Abgerundet wird der kulinarische Ausflug nach Südamerika mit einer großen Auswahl an Pisco, einem Destillat aus Traubenmost und das Nationalgetränk Perus, serviert pur nach dem Essen oder als Cocktail.

(Fotos: Amin Akhtar)

„Auch Indern schmeckt es bei uns – da sind wir uns sicher."

Das kleine, kultig-bunt eingerichtete Restaurant Chutnify lädt zu einem kulinarischen Ausflug in die südindische Küche ein. Da es in Berlin nur wenige Restaurants gibt, die sich auf die Küche dieser Region spezialisiert haben, sind sowohl die Inhaberin Aparna Aurora als auch der Geschäftsführer Kailas davon überzeugt, eine Marktlücke entdeckt zu haben. Das Besondere an der südindischen Zubereitungsweise ist, dass weder Sahne noch glutenhaltige Zutaten verwendet werden. Deshalb ist das Essen sehr bekömmlich.

Chutnify ist bekannt für das indische Street-Food-Gericht „Dosa", eine Art Wrap aus Reismehl und Linsen. Typische Gewürze der Küche sind Koriandersamen, Curryblätter, schwarze Senfsamen und Kreuzkümmel. Der Wrap kann herzhaft oder süß gefüllt werden. Zum Beispiel mit Hühnchen, Kartoffeln, Käse und Ei. Süße Füllungen können zum Beispiel Nutella oder Kürbis sein. Dosa kann aber auch einfach in Chutney gedippt oder zu einer scharfen Suppe gegessen werden – „eben so, wie es dir gefällt", sagt Aparna Aurora. „Es ist ein Gericht, das es in unserer Heimat an jeder Ecke und in unglaublich vielen Variationen gibt."

Während es an dem Street-Food-Stand, unter anderem in der Markthalle Neun oder im Bite Club, lediglich Dosa gibt, enthält die Speisekarte im Restaurant noch zahlreiche weitere, außergewöhnliche indische Spezialitäten. Neben Salaten wie dem „Tandoori-Chicken-Salat" (mit Tandoori-Soße gewürztes Hühnchen, gemischt mit Paprika, Zwiebeln und anderem Gemüse) werden auch verschiedenste Reisgerichte wie „Kemma Mattar" (scharfes Lammhack mit grünen Bohnen) angeboten. Dass die Gerichte im Chutnify nach echter indischer Küche schmecken, ist sowohl der Inhaberin als auch dem Geschäftsführer besonders wichtig. Beide haben indische Wurzeln. „Natürlich gibt es in Indien auch sehr viele verschiedene Arten zu kochen. Aber ich bin überzeugt, dass es einem Inder hier bei uns schmecken würde. Wir haben das Essen nicht an die deutsche Küche angepasst."

(Foto: Amin Akhtar)

(Fotos: Amin Akhtar)

Chutnify – Indian Street Food Berlin

Sredzkistraße 43
10435 Berlin

Telefon: 030 4410795

hello@chutnify.com
www.chutnify.com

Öffnungszeiten:
Dienstag bis Sonntag 12:00 – 23:00 Uhr

Food-Stand: Street Food Thursday
(Markthalle Neun)
Im Sommer: Bite Club

Inhaberin:
Aparna Aurora

Küche:
Indische Küche

Preise:
Hauptgerichte ab 5 €

(Fotos: Amin Akhtar)

Curry 36

Filiale Mehringdamm
Mehringdamm 36
10961 Berlin

Telefon: 030 2517368

Filiale am Bahnhof Zoologischer Garten
Hardenbergplatz 9
10623 Berlin

Telefon: 030 31992992

www.curry36.de

Öffnungszeiten:
Montag bis Sonntag 9:00 – 5:00 Uhr

Inhaber:
Lutz Michael Stenschke,
Vera Stenschke

Küche:
Currywurst

Preise:
Currywurst 1,50 €

„Wir bereiten Gästen aus aller Welt – und das jedes Mal, wenn wir sie willkommen heißen dürfen – eine gute Zeit."

Curry 36 ist wohl einer der ältesten Imbisse der Hauptstadt. Und nicht nur bei den Berlinern erfreut sich der Imbissstand mitten in Kreuzberg einer großen Beliebtheit. Für viele Touristen ist es ein absolutes Muss, einmal bei Curry 36 am Mehringdamm gegessen zu haben. Allein schon der Name bleibt vielen spontan im Kopf hängen. Das Unternehmen verdankt ihn dem Bezirksamt Kreuzberg. Dort bestand man darauf, dass die Hausnummer neben dem Firmenlogo klar erkennbar sein muss. Der Name „Curry 36" war geboren.

Angefangen mit einem kleinen Imbisswagen im Jahr 1981 ist das Unternehmen in den letzten Jahren rasant gewachsen. Inzwischen ist der ursprünglich kleine Betrieb so erfolgreich, dass es neben der Filiale in Kreuzberg eine weitere am Bahnhof Zoologischer Garten gibt. An beiden Standorten herrscht eigentlich den ganzen Tag Hochbetrieb. Die Betreiber Lutz Michael und Vera Stenschke sowie das gesamte Personal sind stets mit Herz und Leidenschaft dabei. Hier und da ein frechfreundlicher Spruch, frei nach Berliner Schnauze, sorgt für eine lockere Atmosphäre.

Bei der Auswahl der Lebensmittel wird viel Wert drauf gelegt, dass keine Konservierungsmittel und Geschmacksverstärker verwendet werden. So wird zum Beispiel der Ketchup nach einem Hausrezept selbst gemacht und gibt der Wurst den ureigenen Curry-36-Geschmack. Seit einiger Zeit kann man auch eine Bio-Currywurst bestellen. Und dann stellt sich für die Kunden die allerwichtigste Frage: mit oder ohne Darm? Für alle, die sich nicht entscheiden können, gibt es jedoch noch so manch andere typische Imbissgerichte auf der Speisekarte, wie „Bockwurst", „Schnitzel", „Pommes", „Nudelsalat" und „Bulette".

(Foto: Amin Akhtar)

„Ein Pie-Erlebnis, das du nicht vergessen wirst."

HelloGoodPie hat sich, wie der Name schon erahnen lässt, auf Pies spezialisiert. Pies sind kleine, deftige Kuchen, beziehungsweise Tartes, mit unterschiedlichen Füllungen. Ursprünglich kommen sie aus Australien, Neuseeland und Großbritannien. Bei HelloGoodPie in Kreuzberg reicht das Angebot von Pies mit Fleisch, vegetarisch über vegan bis glutenfrei. Kurz gesagt, es ist für jeden Geschmack etwas dabei. Der Klassiker ist die Pie mit Rinderragout. Mit Fleisch gibt es außerdem Kreationen wie „Huhn-, Lauch- und Thymian-Pie" oder eine Füllung mit Steak und Guinness im Angebot. Für Veganer steht die „Pesto-Pie", für Vegetarier unter anderem die „Ratatouille- und Ziegenkäse-" oder „Waldpilz-Pie" auf der Speisekarte. Doch nicht nur bei der Füllung, auch bei der Namensgebung seiner wechselnden Pies ist Inhaber Matthew Minch kreativ. Hinter „Cheesy Helmut" verbirgt sich eine Pie mit Blumenkohl und Käse, in „Istanbul" steckt gegrilltes Gemüse. Kartoffel- oder Erbsenpüree gehören als Beilage unbedingt dazu, so der Deutsch-Ire. Am besten bestelle man sich beim Essen mit Freunden eine Auswahl, von der dann alle alles probieren können.

Alle Pies bei HelloGoodPie sind handgemachte Eigenkreationen mit saisonalen Zutaten. Gegründet wurde das Unternehmen im April 2013 von Matthew Minch. Der studierte ursprünglich BWL, bevor er sein Herz für die Gastronomie entdeckte. Nach einer Kochlehre in Frankreich landete er auf den Spuren seiner deutschen Mutter in Berlin und wollte eigentlich nur sechs Monate bleiben. Im Gepäck hatte er die Idee zu einem Pie-Laden, die ihm auf seinen Reisen um die Welt gekommen war. In der deutschen Hauptstadt sollte er damit Pionierarbeit leisten. Anfangs sei es schwer gewesen, den Deutschen das Konzept Pies nahe zu bringen, so Minch. Schließlich könne man von außen nicht sehen, was sich darin befinde. Durch Mund-zu-Mund-Propaganda hat er es geschafft, seine Pies zu etablieren.

Nach eineinhalb Jahren in der Markthalle Neun eröffnete er im Oktober 2014 seinen Laden in der Falckensteinstraße. Die Maschine zur Herstellung der Pies hat Matthew Minch bei einem Metzger in den USA gekauft. Das Gerät ist bereits 80 Jahre alt, leistet jedoch immer noch seine zuverlässigen Dienste in der Zubereitung der handgemachten Pies. Zusammen mit seinem Team ist Minch ständig auf der Suche nach neuen Kombinationen, um seine Kundschaft mit neuen Pie-Kreationen überraschen zu können. Dabei orientiert er sich auch an Food-Trends wie aktuell „Kimchi" aus Korea oder „Pulled Pork" aus den USA.

(Foto: Amin Akhtar)

HelloGoodPie

Falckensteinstraße 9
10997 Berlin

www.hellogoodpie.de
www.facebook.com/hellogoodpie.berlin

Öffnungszeiten:
Montag bis Mittwoch 11:00 – 21:00 Uhr
Donnerstag bis Samstag 11:00 – 22:00 Uhr

Außerdem jede Woche beim
Street Food Thursday.

„Goodbye bad food, helloGoodpie."

Inhaber:
Matthew Minch

Shop Manager:
Peter Olubodun

Koch:
Rosario Frutta

Küche:
Pies

Preise:
Beilagen: Kartoffelpüre und Salat ab 3,50 €

(Foto: Amin Akhtar)

(Foto: Amin Akhtar)

Hirsch & Eber

Kollwitzstraße 87
10435 Berlin

Telefon: 030 23914964

www.hirschundeber.com
mail@hirschundeber.com
www.facebook.com/HirschundEber

Öffnungszeiten:
Montag bis Sonntag 17:30 – 23:00 Uhr

Außerdem bei: Street Food auf Achse in der Kulturbrauerei

Inhaber:
Anton, Sebastian, Matthias und Jasper Ahrens

Preise:
Burger ab 6,90 €
Vegetarischer Burger ab 7,90 €
Pommes ab 3,00 €
Salat, kleiner: 3,50 €
großer: 6,90 €

„Manchmal sind die Kunden wirklich überrascht, dass Wild auch so fein schmecken kann."

Für die vier norddeutschen Brüder Anton, Sebastian, Matthias und Jasper Ahrens gehört Wild bereits seit Kindertagen regelmäßig auf den Tisch – und das nicht nur zu Festtagen. Für die Söhne eines Jägers sind Hirsch, Wildschwein oder Reh keine Besonderheit, wohl aber für viele Menschen in der Großstadt: Wild gibt es nicht an jeder Ecke. Dank der Ahrens-Brüder nun aber doch an einigen Ecken in Berlin – seit Ende 2015 sogar fest in der Kollwitzstraße in Prenzlauer Berg. Hirsch & Eber heißt der rustikale Imbiss, in dem „Wild-Burger" die Verkaufsschlager sind.

Reservieren kann man nicht. Jasper Ahrens verspricht jedoch: „Hier muss man nicht lange warten, einen Platz bekommt man ganz schnell." Bereits seit 2013 sind die Brüder in der Wild-Burger-Branche mit einem Stand auf Street-Food-Märkten unterwegs. 2014 kam der Truck dazu, ein Jahr später der Imbiss. Die Burger, die sie im Truck oder im Imbiss verkaufen, bestehen zu 100 Prozent aus Wildfleisch. Der Hauptlieferant von Hirsch & Eber kommt aus dem Wendland. Im Jahr verbrauchen die Brüder zwischen vier und sieben Tonnen Wild. Damit das Fleisch keinen zu starken Wildgeschmack besitzt, werden bei Hirsch & Eber nur junge Tiere verarbeitet. „Viele erwarten einen sehr starken, herben Geschmack, den sie vielleicht aus anderen Wildgerichten kennen", sagt Jasper Ahrens. „Bei uns gibt es nur eine sehr feine Note. Manchmal sind die Kunden wirklich überrascht, dass Wild auch so schmecken kann."

Der beliebteste Burger ist der „Klassik". Serviert wird er im hausgemachten Bun, dem Burger-Brötchen, mit Portweinzwiebeln und Preiselbeer-Senf-Soße. Neben sechs weiteren Burgern wird auch eine „Wildcurrywurst" aus Reh, Hirsch und Wildschein mit hausgemachter Pflaumen-Curry-Soße oder „Sous-Vide" (im Vakuum gegartes Wildschwein) mit Süßkartoffelstampf, Apfelrotkraut und Jalapeño-Slaw angeboten. Im Truck gibt es die etwas abgespeckte Variante des Wildgrills: Burger, Pommes und Hotdogs. Auch diese sind nicht vergleichbar mit denen, die man vom üblichen Hotdog-Stand kennt. Sie bestehen aus Ciabatta-Brot, Rucolasalat und werden mit Zwiebeln und Walnüssen serviert. Auch die Vegetarier haben die Jungs von Hirsch & Eber nicht vergessen: Auf der Speisekarte ist unter anderem ein Burger mit Portobello-Pilzen, Basilikumöl und Schafskäse oder Black Beans zu finden.

„Wir bringen StreetFood aus Nordafrika und dem Mittleren Osten direkt auf euren Teller – frisch, lecker und schnell. Unsere regelmäßig wechselnden Spezialitäten nehmen Euch mit auf einen Trip durch die Straßen und Souks von Kairo, Marrakesch, Algerien, oder Beirut."

„Koshary" ist ein traditionelles, vegetarisches Gericht, das aus Ägypten stammt und dort meist in Garküchen angeboten wird. Die Zutaten sind eine Mischung aus Linsen, Reis, Kichererbsen, Makkaroni und Tomatensoße mit einem Schuss Zitronensaft und karamellisierten Zwiebeln. Inhaber Michael Landeck hat fast seine gesamte Kindheit in Kairo verbracht und träumte neben seinem Job in der PR-Branche schon seit zwanzig Jahren davon, ein eigenes Lokal zu eröffnen. Da „Koshary" in Deutschland noch nicht sehr bekannt ist, beschloss er, das 2015 mit einem Stand in der Markthalle Neun zu ändern. Einige Monate später kam der eigene Laden in der unmittelbaren Nachbarschaft des Savignyplatzes dazu.

Das ursprüngliche Rezept wurde im Koshary Lux ein wenig verfeinert. Anstelle von einfachen braunen Linsen werden Beluga-Linsen verwendet, und es kommt Basmatireis anstelle von Langkornreis in den Topf. Das besondere Extra erhält die Eigenkreation durch eine spezielle Pistazienmischung. Selbst seine Freunde aus Ägypten müssten zugeben, dass es so tatsächlich besser schmeckt, sagt Michael Landeck. Neben „Koshary" gibt es auf der wechselnden Karte auch „Foul", ein Favabohnenmus mit Tahini, Dill und Tomaten. Oder auch „Garantita", ein Kichererbsensoufflé mit Harissapaste. Michael Landeck verwendet für die Gerichte immer hochwertige Zutaten und frische Kräuter. Die Lebensmittel kauft er bei Bio-Herstellern, das Fleisch stammt aus artgerechter Haltung. Sogar die Gewürzmischungen für die Speisen im Koshary Lux stellt er selber her.

(Foto: Amin Akhtar)

(Fotos: Amin Akhtar)

KLX Koshary Lux

Grolmannstraße 27
10623 Berlin

Telefon: 030 81406190

www.facebook.com/KLXKosharyLux

Öffnungszeiten:
Montag bis Donnerstag 12:00 – 15:00 Uhr und 18:00 – 21:00 Uhr
Freitag bis Samstag 12:00 – 22:00 Uhr

Stand auf dem Street Food Thursday
in der Markthalle Neun.

Inhaber:
Michael Landeck

Preise:
Hauptgerichte ab 4,50 €
Suppen ab 4,60 €
Sandwiches ab 6,60 €
Salate ab 5,80 €

(Foto: Amin Akhtar)

Neta – Mexican Street Food

Weinbergsweg 5
10119 Berlin

Schönhauser Allee 44
10435 Berlin

Telefon: 030 68833080

www.neta.de
www.www.facebook.com/www.neta.de

Öffnungszeiten:
Montag bis Donnerstag 12:00 – 22:00 Uhr
Freitag bis Samstag 12:00 – 0:00 Uhr
Sonntag 12:00 – 22:00 Uhr

Inhaber:
Benjamin Schaible,
Matthias Bez

Koch:
Markus Stöckle

Küche:
Mexikanisch

Preise:
Hauptgerichte ab 4,90 €

„Neta ist ein Wort des Mexikanischen Slangs mit vielen Bedeutungen. Es steht für Wahrheit, für Authentisches und Transparenz. Und nicht zuletzt wird es dort gerne für alles verwendet, was irgendwie – na ja – eben **geil** ist."

Das Neta ist ein mexikanisches Restaurant in Prenzlauer Berg. Die Einrichtung ist schlicht, aber einladend. Über den Holztischen hängen Lichterketten und Lampen im Industriedesign. Die Holzbänke an den Tischen bieten nicht nur vielen Menschen Platz zum Essen, sondern untermalen die lockere Atmosphäre. An schönen als auch an regnerischen Tagen lädt ein schmaler Tresen am Fenster dazu ein, beim Essen das Treiben auf der Straße zu beobachten. In der Mitte des Lokals ist eine große offene Theke platziert, an der die Gerichte vor den Augen der Gäste frisch zubereitet werden.

Das Essen wird auf bunten mexikanischen Tellern serviert. Die Speisekarte ist reichhaltig und abwechslungsreich. Viele der Gerichte sind bekannte Klassiker der mexikanischen Küche: Tacos, Quesadillas und Burritos. Tacos bestehen aus einem mit Weizenmehl zubereiteten mexikanischen Fladenbrot, der sogenannten Tortilla, die mit unterschiedlichen Zutaten gefüllt werden können. Ob mit Fleisch, Fisch oder Gemüse, alle Varianten sind erlaubt. Quesadillas beruhen ebenfalls auf dem Grundrezept des Tortilla. Hierbei kommt aber zum Grundteig noch Käse hinzu. Auch beim Burrito wird auf die typische mexikanische Tortilla zurückgegriffen. Die Füllung ist unterschiedlich, aber zur Grundfüllung des Burritos gehören immer braune oder schwarze Bohnen. Im Neta stehen folgende Füllungen zu den Tacos, Quesadillas und Burritos zur Auswahl: „Frijoles" – ein würziges Bohnenmus aus braunen Bohnen, „Camote" – ein Süßkartoffelmus und „Tinga de Pollo" – mit Zwiebeln und Knoblauch gedünstetes Mus mit Hühnchen. Die Soßen, aus denen der Gast wählen kann, sind: „Guacamole" – mit Avocado, Knoblauch und einem Spritzer Limette, „Pico de Gallo" – eine würzige Tomatensoße, „Salsa verde" – eine grüne, aus verschiedensten Kräutern bestehende Soße, oder „Crema" – von der Konsistenz der Crème fraîche ähnlich.

Der Gast kann sich entweder eine ganz eigene Kombination aus den verschiedenen Tortillas, Füllungen und Soßen zusammenstellen oder aus den Empfehlungen des Hauses wählen.

(Foto: Amin Akhtar)

„Unsere Gäste können selbst bestimmen, ob sie sich die echte Thailändische Schärfe zutrauen."

Ein thailändisches Restaurant in Berlin, in dem das Essen nicht an die deutsche Vorstellung von Thai-Food angepasst ist: das war die Vision von Phillip Chamb und seiner Mutter Pen Chamb, als sie ihr Restaurant The Ponch in Berlin-Mitte eröffneten. „Wir sind uns sicher, dass es authentisch ist – immerhin ist meine Mutter Küchenchefin und auch die anderen Kollegen mussten sich beweisen", sagt der junge Geschäftsführer, der gleichzeitig dem Restaurant seinen Namen gegeben hat. Sein thailändischer Name lautet „Ponchai" – in Deutschland ist sein Spitzname „Ponch". Gemeinsam mit seiner Mutter führt er nun schon einige Jahre das Restaurant, in dem vornehmlich traditionelles Street Food angeboten wird, aber auch andere asiatische Spezialitäten. Besonders beliebt sind zum Beispiel der frische „Papaya-Salat" oder „Fischfrikadellen". Phillips Lieblingsgericht ist „Pad Thai", ein traditionelles thailändisches Nudelgericht.

Um den Geschmack aus der Heimat nach Berlin transportieren zu können, werden die Zutaten für die Gerichte nur in asiatischen Großmärkten eingekauft, erklärt der Geschäftsführer. Wichtige Gewürze der thailändischen Küche sind unter anderem Ingwer, Koriander, Galgant-Wurzel und sehr viel Chili. „Unsere Kunden können deshalb selbst bestimmen, wie scharf sie es wirklich möchten", erzählt Phillip. „Nicht für jeden ist die thailändische Schärfe angenehm."

Eine weitere wichtige Rolle spielt die Gewürzmischung bei den Gerichten: neben der Schärfe muss es immer eine süßliche, säuerliche und salzige Note geben. Die salzige wird oftmals durch die Benutzung von Fischsoße erzeugt. „Wir können diese Gerichte natürlich auch mit Salz würzen, damit wir auch vegetarische oder vegane Küche anbieten können", sagt der Betreiber und lächelt. „Wir garantieren, dass es dann auch gut schmeckt – aber eben nicht mehr ganz traditionell."

(Foto: Amin Akhtar)

(Fotos: Amin Akhtar)

The Ponch – Thai Street Food

Ackerstraße 155
10115 Berlin

Telefon: 030 24630614

www.theponch.eu
www.facebook.com/theponch

Öffnungszeiten:
Montag bis Freitag 11:00 – 23:00 Uhr
Samstag und Sonntag 17:00 – 23:00 Uhr

Inhaber:
Phillip „Ponch" Chamb

Küchenchefin:
Pen Chamb

Küche:
Thailändische Küche

Preise:
Vorspeisen 3 – 6 €
Hauptgerichte 8 – 16 €

(Fotos: Amin Akhtar)

Tak Tak – Polish Deli

Brunnenstraße 5
10119 Berlin

www.taktak-polishdeli.de
www.facebook.com/taktakpolishdeli

Öffnungszeiten:
Montag bis Samstag 12:00 – 22:00 Uhr

Inhaber:
Karol Kasierski

Koch:
Henning Brauer

Küche:
Polnische Küche

Preise:
7 Piroggen 5,90 €
10 Piroggen 7,90 €
Zurek 4,90 €
Barszcz 1,90 €
Bigos 6,40 €

„Es macht mir Spaß, Menschen mit Essen glücklich zu machen."

Mit der Eröffnung des Tak Tak an der Brunnenstraße in Mitte hat sich Inhaber Karol Kasierski einen ganz persönlichen Traum erfüllt. Nach Jobs in der Werbung, Party-Organisation und der Arbeit bei Labels sowie einem Studium der Marketing-Kommunikation stellte er fest, „dass es mir mehr Spaß macht, hinter einer Bar zu stehen und blöde Sprüche zu reißen als in einem Büro Kundenwünsche zu erfüllen". Karol Kasierski kommt ursprünglich aus Lodz in Polen, wohnt aber bereits seit zehn Jahren in Berlin. Nach einem Besuch bei seinem Vater in Warschau hatte er die Idee, ein polnisches Street-Food-Lokal zu eröffnen. Er machte sich auf die Suche nach Investoren, stellte seine Idee bei einem Gründerwettbewerb vor, überlegte sich ein Konzept und schrieb einen Businessplan. Nach eineinhalb Jahren Planung war im November 2015 das Tak Tak geboren. Vor der Eröffnung fragte Karol Kasierski verschiedene Leute, was sie mit Polen verbinden. Als Antwort bekam er, neben den gängigen Klischees, das Landschaftsbild der Masuren und der Ostsee. Deshalb hängt nun ein großes Bild der polnischen Ostsee an einer Wand des kleinen Restaurants.

Die Gerichte sind typisch polnisch: deftig, würzig, mit viel Majoran, Knoblauch und Lorbeer. Und obwohl es einige kleine Abwandlungen gibt, beruhen sie allesamt auf Familienrezepten. Unter anderem gibt es „Piroggen", eine gefüllte Teigtasche in verschiedensten Variationen, zum Beispiel mit Sauerkraut und Pilzen, mit Kartoffeln, Hüttenkäse und Parmesan, mit roter Bete, Ziegenkäse und Meerrettich und mit Pute und getrockneten Tomaten. Daneben stehen „Zurek" – saure Mehlsuppe, „Jarzynowa" – Gemüsesuppe, „Barszcz Czerwony" – Rote-Bete-Suppe und „Bigos" – ein Eintopf, zur Auswahl. Bei einigen Gerichten, z.B. „Bigos", wurde die Geschmacksintensität etwas abgemildert und an den deutschen Geschmack angepasst. Die verwendeten Zutaten stammen alle aus biologischem Anbau.

Karol Kasierski hat noch große Pläne für das Tak Tak, die er in naher Zukunft umsetzten möchte. Unter anderem ist es sein Ziel, die Familienrezepte in vegane und vegetarische Gerichte abzuwandeln. Und einen zweiten Laden hat er auch schon ins Auge gefasst.

(Foto: Amin Akhtar)

(Foto: Amin Akhtar)

STREET Food STÄNDE & TRUCKS

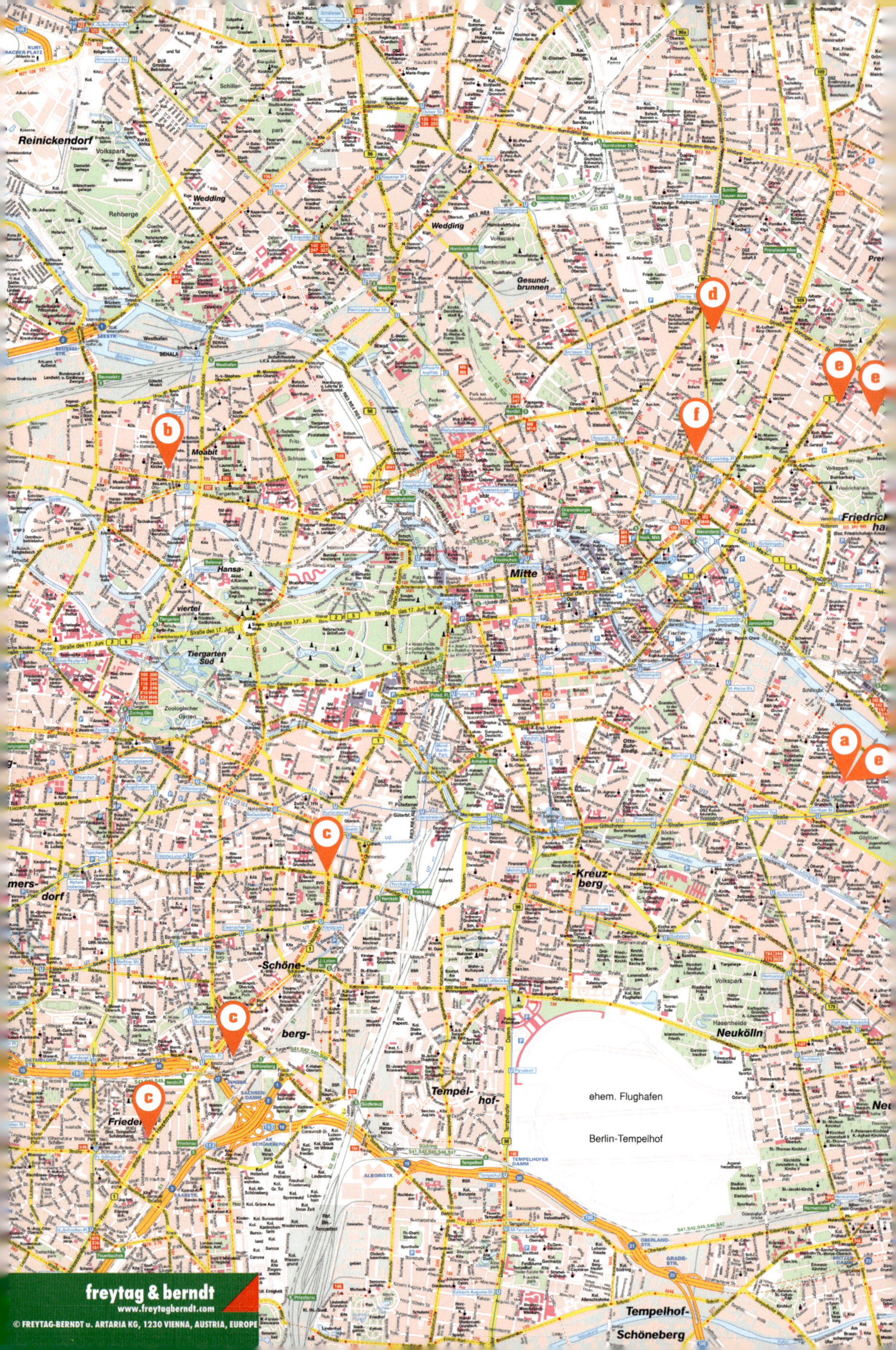
Reinickendorf
Wedding
Gesundbrunnen
Moabit
Hansaviertel
Tiergarten Süd
Mitte
Friedrichshain
Kreuzberg
Schöneberg
Neukölln
Tempelhof
Wilmersdorf
Friedenau
ehem. Flughafen
Berlin-Tempelhof
Tempelhof-Schöneberg
Volkspark
Straße des 17. Juni
freytag & berndt
www.freytagberndt.com

KarTe

a) Markthalle Neun:
Eisenbahnstraße 42–43, 10997 Berlin
Pücklerstraße 34, 10997 Berlin

How to get there:
Öffentliche Verkehrsmittel in der Nähe
Markthalle Neun: U-Bahnhaltestelle
> Görlitzer Bahnhof, Bushaltestellen, Wrangelstraße, Lausitzplatz, Waldemarstraße/Manteuffelstraße und Eisenbahnstraße
> Kulturbrauerei: U-Bahn Eberswalderstraße oder Senefelderplatz und Tramhaltestelle ebenfalls Eberswalderstraße

Berlin Beef Balls:
Kleine Buletten/Hackbällchen
- Hackbällchen
- Schwäbischen Kartoffelsalat
- Auch vegetarische Gerichte im Angebot

Glut & Späne:
Geräucherter Fisch
- Gebeizter Lachs
- Ceviche
- Klassisches Fischbrötchen

Heißer Hobel:
Spätzle
- Spätzle – mit frischen Zutaten
- Vegetarisches Gericht

Raclette:
Raclette aus dem Allgäu
- Raclette Klassisch
- Raclette mit Bündner Fleisch
- Raclette mit Birnen, Preiselbeeren und Pfeffer uvm.

Tapas la Cazuela:
Spanische Tapas
- Hackbällchen in Tomatenspße
- Kartoffelomelette mit Zwiebeln und Ei
- Datteln im Speckmantel
- Oktopus nach galizischer Art

Tapiocaria - Brazilian Food:
Brasilianische Küche
- Tapioca – krümelig-knuspriger Wrap
- Verschiedenste Füllungen
- Bolo de Rolo – brasilianischer Kuchen

Yemen Express:
Jemenitische Küche
- Malawach – Wrap
- Nur vegetarisch oder vegan gefüllt
- Auch süß

Barbaras Küche:
Beschreibung siehe nächste Spalte

b) Arminiusmarkthalle:
Arminiusstraße 2–4, 10551 Berlin

How to get there:
Öffentliche Verkehrsmittel in der Nähe
> U-Bahnhaltestelle Turmstraße, Bushaltestelle Turmstraße und Rathaus Tiergarten

Pignut BBQ:
Slow Food Barbecue
- Slow Food – langsam gegrilltes Fleisch
- Pulled Pork
- Ribs

Rechts vom Fischladen:
Frischer Fisch
- Fish and Chips
- Royal Fish and Chips mit Lachs

c) Barbaras Küche:
Wochenmarkt Winterfeldplatz
How to get there:
> Tramhaltestelle Marienburger Straße und Knaackstraße, U-Bahn-Senefelder Straße

Wochenmarkt Breslauer Platz:
How to get there:
> U- und S-Bahnhaltestelle Berlin Bundesplatz, U-Bahnhaltestelle Friedrich-Wilhelm-Platz, U-,S-, und Bushaltestelle Innsbrucker Platz, S-Bahnhaltestelle Friedenau

Wochenmarkt Karl-August-Platz
How to get there:
> U- und S-Bahnhaltestelle Wilmersdorfer Straße, U-Bahnhaltestelle Bismarckstraße, U-Bahnhaltestelle Deutsche Oper

Barbaras Küche:
Schwäbische Küche
- Maultaschen
- Quiches
- Verschiedene Tagesgerichte
- Auch vegetarische/vegane Gerichte

d) Wiener Schnitzeltruck:
Sredzkistraße 1, 10435 Berlin

How to get there:
Öffentliche Verkehrsmittel in Nähe
> Kulturbrauerei: U-Bahn Eberswalderstraße oder Senefelderplatz und Tramhaltestelle ebenfalls Eberswalderstraße

Wiener Schnitzeltruck:
Österreichische Schnitzel- und Burger-Spezialitäten
- Schnitzelburger
- Falafelburger
- Veggieburger

e) Rosa Canina Organic Icecream:
Filiale 1: Hufelandstraße 7, 10407 Berlin
Filiale 2: Pasteurstraße 32, 10407 Berlin
Markthalle Neun: Eisenbahnstraße 42–43, 10997 Berlin

How to get there:
Öffentliche Verkehrsmittel in der Nähe
> Filiale 1: Tramhaltestelle Hufelandstraße Greifswalderstraße/Danziger Straße und Arnswaldsplatz
> Filiale 2: Tramhaltestelle Hufelandstraße Greifswalderstraße/Danziger Straße und Arnswaldsplatz
> Markthalle Neun: U-Bahnhaltestelle Görlitzer Bahnhof, Bushaltestellen, Wrangelstraße, Lausitzplatz, Waldemarstraße/Manteuffelstraße und Eisenbahnstraße

Rosa Canina Organic Icecream:
Eis
- Handgemachtes Eis, klassische und außergewöhnliche Sorten
- Waffeln

f) Son Kitchen:
Schönhauser Allee 9, 10119 Berlin

How to get there:
Öffentliche Verkehrsmittel in der Nähe
> Bushaltestelle Kantstraße/Leibnizstraße und U-Bahnhaltestelle Wilmersdorfer Straße

Son Kitchen:
Koreanische Küche
- Kimchi-Taco mit typisch koreanischer Kohlmischung
- Bibimbap – Reisgerichte
- Auch vegetarische/vegane Gerichte

Erläuterung

In Berlin gibt es wöchentlich, monatlich und teilweise in unregelmäßigen Abständen immer wiederkehrende Street-Food-Events. Viele der Stände und Foodtrucks, die in diesem Teil des Buchs vorgestellt werden, nehmen entweder an der einen oder an der anderen Street-Food-Veranstaltung teil. Damit es übersichtlich bleibt, werden genau diese Veranstaltungen und die Orte, an denen sie stattfinden, aufgelistet.

Vorreiter in puncto Street-Food-Events ist hierbei definitiv die Markthalle Neun. Vielleicht liegt es daran, dass die Markthalle Neun den Street-Food-Hype in Berlin quasi initiiert hat, denn hier gibt es bereits seit 2011 Street Food aus aller Welt zu probieren. Zusätzlich zu den verschiedensten Veranstaltungen rund um den Trend Street Food gibt es hier täglich die Möglichkeit, in der Kantine der Markthalle zu essen: Für viele ein beliebter Ort für eine Mittagspause in entspannter Atmosphäre.

(Foto: Amin Akhtar)

Markthalle Neun

Street Food Thursday – viele verschiedene Street-Food-Gerichte aus aller Welt
Findet jeden Donnerstag von 17:00 – 22:00 Uhr statt

Breakfast Market – großes, gemischtes Frühstücksangebot
Jeden dritten Sonntag im Monat ab 10:00 Uhr

Wochenmarkt in der Markthalle Neun
Dienstag 12:00 – 20:00 Uhr, Freitag 12:00 – 20:00 Uhr, Samstag 10:00 – 18:00 Uhr

Kantine – an jedem Tag ein frisch zubereitetes Mittagessen
Montag bis Freitag 11:30 – 15:30 Uhr und Samstag 11:00 – 17:00 Uhr

Street Food auf Achse

Einmal die Woche findet auf dem Gelände der Kulturbrauerei das Event Street Food auf Achse statt. Laut den Veranstaltern kommen circa 50 Prozent der Trucks und Stände jede Woche wieder. Die andere Hälfte der Trucks wechselt, das heißt, jede Woche gibt es neue kulinarische Köstlichkeiten zu entdecken.
Bis auf einige Ausnahmen jeden Sonntag von 11:00 – 18:00 Uhr

Bite Club

Der Bite Club findet nur im Sommer statt. Wie bei Street Food auf Achse kommen zum Teil immer wieder die gleichen Trucks und Stände, aber auch ganz neue Stände, die noch nie dabei gewesen sind. Das Event geht bis in die Abendstunden und wird von DJs begleitet.
Jeden zweiten Freitag im Sommer, am besten auf der Homepage gucken: **www.biteclub.de**.

(Foto: Amin Akhtar)

Barbaras Küche

www.barbaraskueche.de

Öffnungszeiten:
Samstag 10:00 – 17:00 Uhr

Wochenmarkt Breslauer Platz/Wochenmarkt Winterfeldtplatz
Mittwoch 8:00 – 14:00 Uhr, Donnerstag 12:00 – 17:00 Uhr,
Freitag 8:00 – 13:00 Uhr, Samstag 8:00 –16:00 Uhr

Wochenmarkt Karl-August-Platz/Markthalle Neun
Eisenbahnstraße 42–43
Dienstag 12:00 – 20:00 Uhr, Mittwoch 8:00 – 13:00 Uhr,
Samstag 8:00 – 14:00 Uhr

Jeden ersten Dienstag im Monat kocht Barbara von 18:00 – 20:00 Uhr.
Jeden dritten Sonntag im Monat von 10:00 – 17:00 Uhr im Breakfast Market.

Geschäftsführerin und Inhaberin:
Barbara Kappel-Weber

„Lieferant für den guten Geschmack unserer Speisen ist die Natur, ein geschicktes Händchen im Auswählen von guten Zutaten und die Tatsache, dass wir mit Letzteren nicht sparsam umgehen."

Die Maultaschen sind es. Wegen ihnen rennen die Kunden Barbara Kappel-Weber die Bude ein. Und eigentlich müsste man mittlerweile schon Buden sagen, denn die Unternehmerin expandiert seit Jahren stetig. Egal, ob in der Mittagspause, beim Marktbummel am Samstag oder bei anderen Gelegenheiten: Es sind die typisch schwäbischen Gerichte, mit denen Barbaras Küche überzeugt. „Mein Ziel ist, dass die Gerichte immer noch so schmecken, als hätte meine Großmutter sie gekocht", sagt Barbara Kappel-Weber, die als Ein-Frau-Unternehmen im Jahr 2006 auf dem Wochenmarkt in Friedenau gestartet ist. Damals mit Schokolade und Trüffeln, später kamen Kuchen und herzhafte Gerichte wie Quiche hinzu. Und eben die Maultaschen, die von allen so sehr geliebt werden. Entweder gebraten oder in einer heißen Brühe serviert – besonders im Winter ist das der Renner schlechthin.

Die für die Zubereitung verwendeten Produkte sind vorzugsweise regional. Auf künstliche Farbstoffe, Aromen und Geschmacksverstärker wird gänzlich verzichtet. Deshalb sind die Jahreszeiten taktgebend bei der Auswahl an Speisen in Barbaras Küche. Aber nicht nur diese sorgen dafür, dass immer wieder neue Gerichte angeboten werden. Bei ihren Erkundungstouren durch Berlin und das Umland ist es Barbaras Mission, auch die treuesten Stammkunden immer wieder mit neuen Kreationen zu überraschen.

Zu finden ist sie mittlerweile auf verschiedenen Märkten in ganz Berlin – und es könnten noch mehr werden, wenn es nach Barbara und ihren Kunden geht.

(Foto: Amin Akhtar)

„Berlin Beef Balls – aus Liebe zum Hack."

Die größte Inspiration für die Geschäftsführer von Berlin Beef Balls sind die bekannten schwedischen Köttbullar. Frei nach dem Motto „Aus Liebe zum Hack" haben es sich die Betreiber des Standes zur Mission gemacht, die Bulette neu zu erfinden. Wichtig für Jochen Wolfgramm war dabei aber immer eins: Der Ursprung der Bulette, die gute Hausmannskost, darf dabei nicht in Vergessenheit geraten.

Und so entstand die Idee, „das Beste der Bulette", die schöne braune Kruste, mehr in Szene zu setzen. Statt eines großen Hackbällchens werden drei „Fleischpralinen", wie Wolfgramm sie nennt, serviert. Am Stand, direkt im Zentrum der Markthalle Neun in Kreuzberg, werden die vorbereiteten Balls fertig gebraten und frisch serviert – wahlweise mit Kartoffelsalat und Joghurt-Kräuter-Soße. Aktuell gibt es die Balls in vier verschiedenen Geschmacksrichtungen. „Beef Berlin" ist die klassische Berliner Bulette mit Senf, Zwiebeln, Salz und Pfeffer. „Beef Bangkok" ist die thailändische Variante, gewürzt mit frischem Zitronengras, Ingwer und etwas Chili. Eine weitere Version heißt „Beef Bolognese". Sie ist inspiriert von der italienischen Bolognesesoße, daher fein gewürzt mit Basilikum, Oregano, Thymian, Tomate und ein wenig Knoblauch. Die vierte Variante, „Beef Bangalore", ist, wie der Name bereits verrät, durch die indische Küche inspiriert. Ihren besonderen Geschmack bekommen die Fleischbällchen durch eine spezielle indische Currymischung aus Kreuzkümmel, Koriander und Zimt. Alle vier Variationen sind aus purem Rindfleisch hergestellt und handgerollt.

Wer sich selbst einmal als Beef-Ball-Koch versuchen möchte, sollte laut Inhaber Jochen Wolfgramm beachten, dass das Ei, die Semmelbrösel, Zwiebeln und das Fleisch eine homogene Masse ergeben. Die Struktur des rohen Teigs sollte grob sein, aber auf keinen Fall wurstig.

(Foto: Amin Akhtar)

(Foto: Amin Akhtar)

Berlin Beef Balls

Markthalle Neun
Eisenbahnstraße 42–43
10997 Berlin

www.berlinbeefballs.de

Öffnungszeiten:
Donnerstag 17:00 – 22:00 Uhr
Samstag 12:00 – 18:00 Uhr Kreuzberg

Sonntag Street-Food-Markt
in der Kulturbrauerei.

Geschäftsführer:
Jochen Wolfgramm,
Carsten Albrecht

Küche:
Deutsch/Hackbällchen

Preise:
4 St. 5 €; 6 St. 6 €; 8 St. 7 €
Beilagen: Kartoffelsalat und
Soße 4 €

(Fotos: Amin Akhtar)

Glut & Späne

Markthalle Neun
Eisenbahnstraße 42–43
10997 Berlin

www.glutundspaene.de

Öffnungszeiten:

Wochenmarkt:
Dienstag 12:00 – 15:00 Uhr, Freitag 12:00 – 20:00 Uhr,
Samstag 10:00 – 18:00 Uhr

Lunch:
Mittwoch 12:00 – 20:00 Uhr, Donnerstag 12:00 – 15:00 Uhr

Street Food Thursday:
17:00 – 22:00 Uhr

Breakfast Market:
Am dritten Sonntag im Monat
10:00 – 16:00 Uhr

Inhaber:
Michael und Sandra Wickert

„Ich kann mehr bieten als nur guten Fisch. Ich kann auch wirklich etwas zu allem erzählen, weiß, wo es herkommt."

Schon als kleiner Junge hat es Michael Wickert geliebt, angeln zu gehen. „Das war so bei uns im Dorf", erzählt der Räuchermeister heute. „Und das wird von Generation zu Generation weitergegeben." Als der junge Mann dann vor einigen Jahren feststellte, dass man Agrar- und Fischereiwissenschaften in Berlin studieren kann, wusste er sofort: Das muss ich machen. Heute betreibt er gemeinsam mit seiner Schwester Sandra den Stand Glut & Späne in der Markthalle Neun in Kreuzberg. Es handelt sich dabei um die erste nachhaltige Fischräucherei mit einer regionalen Fischtheke. Bereits während des Studiums hatte Michael Wickert Spaß daran, gemeinsam mit Kommilitonen frischen Fisch zu räuchern und die traditionellen Rezepte um neue zu erweitern. Schnell wurde daraus eine Tradition: Jedes Jahr während des Sommerfests der Fakultät wurden neue Ideen zusammengetragen und ausgetauscht. Nach Abschluss des Studiums reiste Michael Wickert um die Welt und lernte unter anderem die brasilianische Küstenfischerei, die Handfischerei und die Lachszucht in Norwegen kennen. Besonders prägte ihn seine Zeit in der Normandie, wo ihn die bodenständige franko-belgische Küche inspirierte, er neue Rezepte entwickelte und traditionelle Rezepte neu interpretierte.

An all diesen Erfahrungen können seine Kunden in der Markthalle Neun teilhaben. Die dort vertriebenen Fische werden zum größten Teil direkt vor Ort geräuchert oder von den Geschäftspartnern, „Die Müritzfischer" aus Mecklenburg, geliefert. Besonders wichtig ist es Michael Wickert, dass seine Fische aus nachhaltiger Zucht stammen und ebenso gefangen werden. Das Sortiment ist groß. Es gibt Forelle, Saibling, Kabeljau- und Lachsfilet. Geräuchert werden die Fische über Buchenspänen, da diese nur ein feines Raucharoma abgeben. Damit die Fische ihren ursprünglichen Geschmack nicht verlieren, werden sie nur sehr sparsam mit Salz bearbeitet. Frisch sind bei Glut & Späne aber nicht nur die Fische, sondern auch die verwendeten Gewürze. Eine Spezialität von Michael Wickert ist seine Interpretation des gebeizten Lachses. Das Geheimnis? Er arbeitet entweder mit Gin und Wacholder oder er benutzt Whiskey und Minze. Das peruanische Gericht „Ceviche" wird bei Glut & Späne entweder mit Schalotten, Koriander, Limetten und Chili oder auf polynesische Art mit Bergpapaya und Kokosmilch zubereitet. Natürlich gibt es auch Klassiker wie Fischbrötchen am Stand von Glut & Späne, serviert mit Brötchen der italienischen Bäckerei Sironi, ihren Nachbarn in der Markthalle Neun.

„In jeder Portion steckt echtes Handwerk."

Auf rollenden Rädern ist der Heiße Hobel quer durch Berlin – und über die Grenzen der Hauptstadt hinaus – unterwegs. Seit 2013 hat es sich das Paar Florian Rohrmoser und Myriam Touka zur Aufgabe gemacht, die Allgäuer Spezialität „Käsespätzle" auch in Berlin populär zu machen.

Die „Kässpatzen", so nennen die beiden Inhaber ihr Gericht liebevoll, werden immer frisch zubereitet. In einer Küchenmaschine wird der Teig gut durchgeknetet, damit er schön fluffig und locker wird. Danach wird er auf einem Hobel von Hand in kochendes Wasser gerieben. Dafür braucht es etwas Geschick, denn die Spätzle werden leicht zu Klumpen, wenn man sie nicht schnell genug in das kochende Wasser reibt und dann möglichst schnell wieder herausfischt. Danach werden sie mit drei verschiedenen Sorten Käse vermischt. Auch der verwendete Käse hat seinen Ursprung im Allgäu. Er kommt ausschließlich aus der Biokäserei „Obere Mühle", einem Familienbetrieb aus Bad Hindelang. Verwendet werden zwei verschiedene Bergkäse, jeweils sechs und zwölf Monate gereift, und ein Allgäuer Emmentaler. Hausgemachte geröstete Zwiebeln, schwarzer Pfeffer und frischer Schnittlauch verfeinern die Spätzle. In jeder von dem Paar servierten Portion steckt echtes Handwerk. Und für alle, die aus dem Allgäu stammen, auch ein Stück Heimat.

Falls der Foodtruck Heißer Hobel mal nicht in der Nähe sein sollte und das Verlangen nach Spätzle allzu groß ist, folgender Hinweis: „Viele Leute machen in den Spätzleteig viel zu viel Ei und vergessen dabei, dass es keine Eierspätzle sind."

(Fotos: Amin Akhtar)

(Foto: Amin Akhtar)

Heißer Hobel

Markthalle Neun
Eisenbahnstraße 42–43
10997 Berlin

www.heisserhobel.berlin
www.facebook.com/pages/Heisser-Hobel/567974103222400

Öffnungszeiten:
Jeden Donnerstag in der
Markthalle Neun beim Street Food Thursday.

Aber am besten auf dem Terminplaner
der Homepage nachgucken,
wo der Stand als Nächstes zu finden ist.

„Wo gehobelt wird, da fallen Spätzle."

Geschäftsführer und Inhaber:
Florian Rohrmoser,
Myriam Touka

Küche:
Schwäbische Küche – Spätzle

Preise:
4 € für eine Schale

Pignut BBQ

Arminiusmarkthalle
Arminiusstraße 2–4
10551 Berlin

www.pignut.de

Öffnungszeiten:
Mittwoch 12:00 – 22:00 Uhr
Donnerstag 12:00 – 22:00 Uhr
Freitag 12:00 – 22:00 Uhr
Samstag 10:00 – 12:00 Uhr Pancakes
Samstag 12:00 – 22:00 Uhr BBQ

Im Sommer auch beim
Bite Club zu finden.

„80 Prozent der Deutschen essen zu viel Fleisch – wir auch!"

Geschäftsführer:
Christopher O'Connor

Küche:
Slow Food Barbecue

Preise:
Gerichte ab 5 €

„Unser Ziel ist es, dass es so schmeckt wie zu Hause in den USA."

Berlins größte Fans des Southern Barbecue betreiben den Stand Pignut BBQ, dessen Wellblechhüttenlook sofort an die Südstaaten der USA erinnert. „Unser Ziel ist es, dass es so schmeckt wie zu Hause in den USA", sagt der deutsch-amerikanische Geschäftsführer Christopher O'Connor über seinen Stand in der Arminiusmarkthalle in Moabit. Eigentlich ist er Opernsänger, jedoch genießt er es, täglich am Grill zu stehen. Man spürt, wie gern er von der Zubereitung erzählt. Die Leidenschaft, die er aus Alabama nach Berlin mitgebracht hat, schwingt in jedem Wort mit.

Slow Food ist das Schlagwort für die Philosophie, die hinter der Zubereitung der anspruchsvollen Fleischgerichte steht. Deshalb legen O'Connor und seine Partner besonderen Wert auf die Qualität und Herkunft des Fleisches. Ihre Überzeugung: „Es gibt kein slower Food als Barbecue." Konkret bedeutet das: Das Fleisch wird nach einer jahrhundertealten, aus Alabama stammenden Tradition im sogenannten Hickory-Rauch gegart. In dem US-Bundestaat ist Barbecue ein Festmahl und somit nimmt man sich die Zeit, das Fleisch über Stunden hinweg zu garen. Die Rezepte, nach denen Christopher O'Connor die Gerichte in Moabit zubereitet, wurden ihm von der Familie seiner amerikanischen Geschäftspartner zur Verfügung gestellt.

Und so gönnt man den „Ribs" (Rippchen) acht Stunden, dem „Pulled Pork" (das ist entweder Schweineschulter am Knochen oder Schweinenacken) ganze 18 Stunden im Smoker. Mehr als 64 000 Sekunden sind es, die man dem „Pulled Pork" zum Garen gibt und durch die das Fleisch butterweich wird. Kein Wunder, dass die „Ribs" und das „Pulled Pork" zu den beliebtesten Gerichten am Stand gehören, an dem vornehmlich Männer am Tresen zu finden sind.

(Foto: Amin Akhtar)

„Die Experimentier- und Probierfreude kennt keine Grenzen. Es werden immer wieder neue Varianten des Raclette präsentiert."

Am Stand Raclette wird die gleichnamige Speise in besonderen Variationen aufgetischt. Und wer hat's erfunden? Die Schweizer! Deshalb ist es auch nicht verwunderlich, dass die beiden Betreiber Severin Monn und Martin Agosti gebürtig aus dem Alpenland kommen. Als die beiden Freunde das erste Mal die deutsche Variante des Schweizer Nationalgerichts aßen, waren sie sehr überrascht, denn in der Schweiz wird Raclette nur mit Käse, Kartoffeln und Brot gegessen. Höchstens gibt es dazu ein paar Silberzwiebeln oder Gewürzgurken. In Deutschland hingegen ist man für neue Abwandlungen des Gerichts offen. „Es ist eine deutsche Eigenheit, nicht nur Kartoffeln zum Raclette zu essen. Davon haben wir uns inspirieren lassen und probieren wild herum. Es könnte gut sein, dass wir damit in der Schweiz auf Kritik stoßen würden, weil man dort mit einem Nationalgericht eigentlich nicht herumexperimentieren darf", sagt Severin Monn und lacht.

Und da die Experimentier- und Probierfreude der beiden Betreiber keine Grenzen kennt, präsentieren sie ihren Kunden immer wieder neue Varianten des Raclette. Unter anderem gibt es die Variation „Alpen" mit Bündner Fleisch, oder „Sweet" mit Birnen, Preiselbeeren und Pfeffer. Sehr beliebt sind auch die „Raclette-Rösti".

Wer nun denkt, dass das Schmelzen eines Käses zu lange für Street Food dauern könnte, irrt sich: Dank ihres Spezialofens muss niemand lange auf seine Portion „Raclette to go" warten, denn in diesem ist eine Portion Käse innerhalb kürzester Zeit perfekt geschmolzen. Da verlassen sich Severin und Martin dann doch lieber auf das Spezialzubehör aus der Schweiz. Gleiches gilt für den Käse: „Das muss echter Raclettekäse sein. Wer versucht, das Gericht mit irgendeinem Käse zuzubereiten, wird scheitern. Alles andere ist einfach Geschmacksache."

(Foto: Amin Akhtar)

(Fotos: Amin Akhtar)

Raclette

Street Food Thursday in der Markthalle Neun
Eisenbahnstraße 42–43
10997 Berlin

www.facebook.com/hoppschwiizde

„Sweet Dreams are made of Cheese."

Inhaber:
Severin Monn,
Martin Agosti

Preise:
Klein: 50 g Käse
Groß: 100 g Käse
zwischen 3 – 6 €

(Fotos: Armin Akhtar)

Rechts vom Fischladen

Arminiusmarkthalle
Arminiusstraße 2–4
10551 Berlin

Stand gehört zu „Der Fischladen“
Schönhauser Allee 128, 10437 Berlin

www.derfischladen.com

Öffnungszeiten:
Montag bis Samstag 12:00 – 22:00 Uhr

Geschäftsführer:
John Bywater,
Thomas Forcher

Küche:
Fisch und vor allem
Fish & Chips

„Versuchen Sie Fisch & Chips mit Champagner – das ist besser als mit jedem Weißwein."

Wer „Fish & Chips" stilecht wie in Großbritannien essen möchte, muss bei John Bywater in der Arminiusmarkthalle in Moabit vorbeischauen. Gemeinsam mit seinem Partner Thomas Forcher leitet er dort den Marktstand Rechts vom Fischladen und verspricht absolute Frische und eine traditionelle Zubereitungsweise, besonders wenn es um das britische Nationalgericht geht. „Und dafür muss einiges beachtet werden", sagt Bywater, der über Jahre hinweg für die kulinarische Versorgung auf großen Kreuzfahrtschiffen wie der Queen Mary II zuständig war. Damit der Fisch perfekt wird, muss die Kruste den Fisch komplett umschließen, sodass dieser innen nicht frittiert, sondern eher gedämpft wird.

Typische Fischsorten, die für das Nationalgericht aus Großbritannien verwendet werden, sind Kabeljau, Dorsch, Rotbarsch und Wels. „Bei uns gibt es zudem Royal Fish & Chips, das ist dann mit Lachs", erklärt der Brite. Alle Sorten werden mit hausgemachten Soßen, aber auch klassisch mit „Salt & Vinegar", also mit Salz und Malzessig serviert. „Für die meisten ist es erst einmal ungewohnt. Aber wenn man erst mal verstanden hat, dass Essig nicht nur in den Salat gehört, sondern durchaus auf Fisch schmeckt, gefällt es vielen", so John Bywater. Sein Partner Thomas Forcher ergänzt: „Ist doch eigentlich nicht viel anders, als wenn man Zitrone über den Fisch träufelt, oder?"

Stilecht geht es auch bei der Verpackung weiter, wenn „Fish & Chips" in der Markthalle aus der Hand gegessen wird. Wurde das Gericht früher in Großbritannien in Tüten aus Zeitungspapier verkauft, wird es auch hier in einer Art Zeitung eingewickelt – jedoch garantiert ohne Druckerschwärze.

Mit frischem Fisch selbstständig gemacht haben sich die Gastronomen bereits vor zehn Jahren mit ihrem Fischladen in Prenzlauer Berg. Aber auch in der Markthalle können die Kunden nicht nur zubereiteten Fisch einkaufen, sondern auch aus einer großen Auswahl an frischem Fisch für zu Hause auswählen. „Oder eben den Fisch selbst aussuchen und von unserer Küche direkt zubereiten lassen", regt John Bywater, der selbst immer noch ein großer Fisch-Fan ist. Selbst „Fish & Chips" steht immer noch ganz oben auf der Liste – in seinem Fall mit Salt & Vinegar. Und noch eine weitere Zutat würde das Nationalgericht noch besser machen, verrät er. „Mein Tipp: Versuchen Sie einen Champagner dazu – das passt besser als jeder Weißwein."

„Kompromisslos und fundamental, wenn es um Qualität und Geschmack geht."

In der Eismanufaktur Rosa Canina steht der Qualitätsanspruch an erster Stelle. 30 Sorten werden im Sommer jeden Tag aufs Neue ohne künstliche Aromastoffe aus saisonalen Früchten, Gewürzen und feinster Schokolade produziert. Die Herstellung des Speiseeises beruht auf traditioneller Handwerkskunst. Schon der Großvater des Gründers und Geschäftsführers Reimar Philipps hatte sich nach dem Zweiten Weltkrieg auf die Herstellung von Eis spezialisiert. Sein Wissen vertiefte er bei Lehrgängen in traditionellen Gelaterias in den italienischen Dolomiten noch weiter. Denn die Art der Zubereitung sei elementar, sagt Reimar Philipps, damit der Geschmack der einzelnen Zutaten wirklich zur Geltung komme.

Die Kreationen bei Rosa Canina umfassen das gesamte Geschmacksspektrum. Natürlich gibt es auch die echten Klassiker, wie Schokoladeneis, das sich durch einen besonders hohen Anteil an Zartbitterschokolade auszeichnet. Oder auch den beliebten Klassiker Vanille, der mit einem Mix aus erlesener Tahiti- und Bourbon-Vanille verfeinert wird. Kreationen wie „Himbeere mit Basilikum" und „Ananas mit Salbei" sind im Eislabor von Rosa Canina durch das Experimentieren mit verschiedenen Zutaten entstanden.

Das Rosa Canina hat verschiedene Standorte in Berlin und eine Dependance in Frankfurt am Main. Zum einen gibt es einen Laden in der Hufelandstraße 7 in Prenzlauer Berg, der von März bis Oktober auf seiner Terrasse zum Genuss der biozertifizierten Eissorten, Milchshakes, Kaffeevariationen, Eischokolade und Eiskaffee einlädt. Ein weiterer Standort befindet sich in der Pasteurstraße 32 im selben Bezirk. Dort wird das Eis nicht nur verkauft, sondern auch hergestellt. Sobald das Qualitätsprodukt fertig ist, wird es aus der Eismaschine genommen, in den Tresen gestellt und dort direkt verkauft. Hinter einer großen Glasscheibe kann man dem Küchenchef Gerard Janssen bei der Herstellung des Eises zusehen. An dem ganzjährig geöffneten Stand in der Markthalle Neun in Kreuzberg wird nicht nur das Eis von Rosa Canina angeboten, sondern auch „Brüsseler Waffeln" mit selbst gemachter Schokoladensoße oder heißen Kirschen.

(Foto: Amin Akhtar)

Stände

Rosa Canina Organic Icecream

(Foto: Amin Akhtar)

Filiale 1:
Hufelandstraße 7
10407 Berlin

Filiale 2:
Pasteurstraße 32
10407 Berlin

Markthalle Neun:
Eisenbahnstraße 42–43
10997 Berlin

www.rosacanina.eu
www.facebook.com/rosacaninaorganicicecream

Öffnungszeiten Filiale 1 und 2:
Von März bis Oktober geöffnet 14:00 – 20:00 Uhr, an heißen Tagen auch länger

Öffnungszeiten Markthalle Neun:
Dienstag, Freitag und Samstag 10:00 – 18:00 Uhr
Donnerstag 17:00 – 22:00 Uhr

Geschäftsführer:
Reimar Philipps

Küchenchef:
Gerard Janssen

Küche:
Eis und Süßspeisen

Preise:
1,20 – 1,50 € pro Kugel

„Wir verstehen Essen als Event."

Die drei Inhaber von Son Kitchen kennen sich bereits seit der Schule. Schon damals trafen sich Jeong Han Cho, Johannes Hohlfeld und Daniel Schünemann häufig zu gemeinsamen Kochsessions, bei denen sie traditionelle Rezepte ihrer koreanischen Familien pflegten und neue Gerichte kreierten. Bis heute experimentieren die drei Berliner gerne mit der Kombination von typisch koreanischen und regionalen Zutaten wie beispielsweise roter Bete oder Rotkohl sowie türkischen und arabischen Einflüssen. Als Vorkoster dienen dabei oft Familie und Freunde, bevor es ein kulinarisches Experiment an den Stand der Kreativköpfe in der Markthalle Neun oder den von ihnen initiierten Pojangmacha - Korean Street Food Market in der Platoon Kunsthalle schafft. Neben Catering für Events und Firmenveranstaltungen soll im Frühjahr 2016 ein eigener Laden an der Kantstraße in Charlottenburg folgen.

Die Klassiker, die im Son Kitchen angeboten werden, sind „Kimchi-Taco" und „Bibimbap". Kimchi ist eine mit Zwiebel und Gewürzen gegarte Kohlmischung. Bei „Bibimbap" handelt es sich ursprünglich um ein koreanisches Resteessen. Reis wird nach koreanischer Art zubereitet und mit Gemüse, Ei, Tofu oder wahlweise Fleisch oder Fisch serviert. Diese traditionellen koreanischen Gerichte werden von den drei Betreibern immer weiterentwickelt und teilweise auch komplett neu erfunden. Beispiele hierfür sind die verschiedenen Toppings beim „Kimchi-Taco". Es kann zwischen den Geschmacksrichtungen „Beef", „Spicy Chicken" und „Tofu Kimchi" gewählt werden. Seit Januar 2016 gibt es den in Eigenkreationen entstandenen „Honolulu Dwaeji Burger".

(Foto: Armin Akhtar)

(Foto: Amin Akhtar)

Son Kitchen

Platoon Kunsthalle
Schönhauser Allee 8
10119 Berlin

www.sonkitchen.de
www.facebook.com/sonkitchen

Öffnungszeiten:
Ladeneröffnung März 2016

Inhaber:
Jeong Han Cho,
Johannes Hohlfeld und
Daniel Schünemann

Küche:
Koreanische Küche

Preise:
4 – 6 € pro Gericht

(Foto: Amin Akhtar)

(Fotos: Amin Akhtar)

Tapas la Cazuela

Markthalle Neun
Eisenbahnstraße 42–43
10997 Berlin

www.tapaslacazuela.de
www.facebook.com/tapaslacazuel

Öffnungszeiten:
Dienstag und Freitag 12:00 – 20:00 Uhr
Mittwoch 12:00 – 16:00 Uhr
Donnerstag 14:00 – 22:00 Uhr
Samstag 10:00 – 18:00 Uhr

Inhaberin:
Rosa Ortega Sanchez

Küche:
Spanische Tapas

Preise:
Tapas zwischen 3 – 5 €

„Bei uns ist alles hausgemacht."

An ihrer Tapasbar in der Markthalle Neun vertraut Rosa Ortega Sanchez komplett auf traditionelle spanische Küche. Je nach Saison serviert sie Suppen, Sandwiches sowie verschiedene Wurst- und Käsevariationen. Das Hauptaugenmerk gilt aber den Tapas: „Auf unserer Speisekarte stehen Klassiker, die in keiner Tapasbar zwischen San Sebastian und Sevilla fehlen dürfen", sagt die gebürtige Mannheimerin. Dazu gibt es spanische Getränke, einen tiefroten Vino etwa, ein kaltes „San Miguel" oder eine erfrischende „Kas Limón". Für die Spanierin hat Essen eine sehr gesellige Bedeutung: „Tapas sind vielseitige kleine Speisen, die man mit Freunden teilt, wenn man abends in Kneipen unterwegs ist." Das passe auch gut in eine Markthalle, ist Rosa überzeugt. Tapas können jedoch nicht nur zwischendurch oder als Vorspeise gereicht werden. Gibt es genug von ihnen, können sie auch ein ganzes Abendessen sein.

Das Essen im Tapas la Cazuela ist hausgemacht und entsteht in Handarbeit – so wie es Rosa in ihrer Familie gelernt hat. Um den Tapas geschmacklich den letzten Schliff zu geben, hat sie viele der ursprünglichen Rezepte verfeinert. So weit es möglich ist, verwendet sie regionale Produkte aus kleinen Landwirtschaftsbetrieben. Folgende Speisen können in der Markthalle direkt verzehrt werden: „Tortilla Española" (Kartoffelomelett mit Zwiebeln und Ei), „Albóndigas en Salsa de Tomate" (Hackbällchen in Tomatensoße), „Ensaladilla Rusa" (Kartoffelsalat mit Mayonnaise, Thunfisch und Ei), „Pimientos de Padrón" (frisch gegrillte Paprikaschoten aus Galizien), „Dátiles con Bacon" (Datteln im Speckmantel), „Pulpo a la Gallega" (Oktopus nach galizischer Art).

(Foto: Amin Akhtar)

(Fotos: Amin Akhtar)

Tapiocaria – Brazilian Food

Markthalle Neun am Street Food Thursday
und Frühstücksmarkt
Eisenbahnstraße 42–43
10997 Berlin

Streetfood auf Achse
Kulturbrauerei
Sredzkistraße 1
10435 Berlin

www.tapiocaria.berlin
www.facebook.com/tapiocariaberlin

Inhaber:
Peter Westerhoff,
Mariana Pitanga

Küche:
Brasilianische Spezialitäten

Preise:
Tapioca 5 €

„Die Berliner sind neugierig."

Der Name verrät es bereits: Am Stand Tapiocaria gibt es „Tapioca" – ein krümelig-knusprig, saftiger Crêpe, der mit allem belegt wird, was die Fantasie der Macher Peter Westerhoff und Mariana Pitanga hergibt.

Die Hauptzutat Maniok ist eine der ältesten Kulturpflanzen der Menschheit, früheste Funde gehen 2800 Jahre zurück. Im Nordosten Brasiliens ist das Gericht „Tapioca" an fast jeder Straßenecke zu finden. Gerade deswegen freuen sich viele in Berlin beheimatete Brasilianer über ein kleines Stückchen Heimat. Aber auch die Berliner sind auf den Geschmack der brasilianischen Spezialität gekommen und kehren als Stammkunden immer wieder zurück. Positiver Nebeneffekt: Die Maniokfladen sind nicht nur lecker, sondern auch noch sehr gesund und nahrhaft.

Egal ob mit Fleisch, vegetarisch, vegan oder glutenfrei, egal ob herzhaft oder süß: Die Variationen sind unendlich. Am Stand des brasilianisch-deutschen Paars gibt es unterschiedlichste Kreationen der heißen Crêpes. Herzhafte „Tapioca" sind beispielsweise gefüllt mit Tomaten, Mozzarella und Pilzen oder mit Garnelen in Maniok-Paprika-Creme und Chilisoße. Des Weiteren gibt es Variationen mit Schinken, Huhn, getrocknetem Fleisch (vom Rind), Zwiebeln, Käse und Schmelzkäse. Ein Beispiel für süße Kreationen ist eine Füllung mit Apfelkompott und Rosinen. Seit Neuestem gibt es auch eine zweite brasilianische Spezialität: „Bolo de Rolo", einen in Brasilien sehr beliebten Kuchen. Er gilt als das Symbol des brasilianischen Bundesstaats Pernambuco. Der Teig ist dem hierzulande bekannten Biskuitteig ähnlich. Er besteht aus Eiern, Mehl, Zucker und Butter und wird nach dem Backen mit Guavenmarmelade bestrichen und aufgerollt.

(Foto: Amin Akhtar)

„Das Fleisch ist das Geheimnis."

Klassische österreichische Gerichte neu zu interpretieren – das ist der Ansatz, den Max Setrak und Renate Derigg, die gemeinsam das Restaurant Jolesch in Kreuzberg betreiben, verfolgen. Eine Street-Food-Variante des Alltime-Favourite Schnitzel zu kreieren war dadurch für die Betreiber eine logische Konsequenz. Um das Schnitzel in Eins-A-Qualität servieren zu können, bedarf es jedoch so etwas wie einer mobilen Küche, wissen die Gastronomen. Immerhin wollen die Betreiber, deren Schnitzel von bekannten Restaurantkritikern als das beste Berlins betitelt wurde, nicht nur im Restaurant, sondern auch mit ihrem „Schnitzel to go" begeistern. Deshalb entschieden sich die Gastronomen dafür, einen Foodtruck anzuschaffen. Und da es stilecht sein sollte, wurde er aus den USA nach Deutschland importiert.

Im Truck stehen „Schnitzel-Burger", Süßkartoffelpommes, Veggie- und Falafelburger zur Auswahl. Zu einem „Schnitzel-Burger" gehören, ganz unten angefangen: ein Laugenbrötchen, darauf Remouladensoße, gefolgt von einem panierten goldgelben Wiener Schnitzel, on top knackiger Salat und ein spezielles Gurkenrelish, zum Schluss wieder ein Laugenbrötchen. Abgerundet wird das Österreicherlebnis am besten mit Bier vom Fass oder mit einem „Almdudler". Auf die Frage, was das Geheimnis eines perfekten Schnitzels ist, wurde verraten: „Das Fleisch ist das Allerwichtigste. Das Paniermehl darf auch nicht irgendeines sein, sondern muss das richtige Verhältnis von Salz, Mehl und Ei haben."

(Foto: Amin Akhtar)

Wiener Schnitzeltruck

Gehört zum Restaurant Jolesch:

www.jolesch.de

Muskauerstraße 1
10997 Berlin

Telefon: 030 3217123

hallo@schnitzel-truck.eu
www.schnitzel-truck.eu
www.facebook.com/schnitzeltruck

Foodtruck:
Regelmäßig beim Bite Club
Street Food auf Achse
Karneval der Kulturen

Inhaber:
Max Setrak,
Renate Derigg

Küche:
Österreichische Schnitzel- und Burger-Spezialitäten

Preise:
Schnitzel-Burger zwischen 5 – 6 €

(Foto: Amin Akhtar)

Yemen Express

Markthalle Neun
Bite Club im Sommer
Festivals

www.facebook.com/YemenExpress-395162583973554

Öffnungszeiten:
Es gibt keine festen Öffnungszeiten.
Aktuelle Events sind bei Facebook zu finden.

Inhaber:
Gil Levi,
Gal Lotan

Küche:
Jemenitische Küche

„Malawach muss mit Liebe zubereitet werden – das ist das Geheimnis."

Die Liebe zur Freiheit und zu gutem Essen hat sie zusammengeschweißt – und herausgekommen ist ein grandios laufendes Street-Food-Projekt, mit dem die beiden gebürtigen Israelis nicht nur in Berlin erfolgreich sind. Seit einigen Jahren sind Gil Levi und Gal Lotan mit ihrem Stand Yemen Express unterwegs und begeistern ihre Kunden mit „Malawach".

Es handelt sich hierbei um ein jemenitisches Nationalgericht, das morgens, mittags und abends gegessen werden kann. Zudem kann es, je nach Füllung, als Vor-, Haupt- und Nachspeise gegessen werden. Die beiden jungen Männer, die nach einer Weltreise gemeinsam in Berlin ihr Glück versuchen wollten, kennen das Gericht aus ihrer Heimat. Gerade wenn es mal schnell gehen soll, wird dort häufig auf „Malawach" zurückgegriffen. „Es schmeckt hier bei uns übrigens genauso, wie man es auch in Israel zubereitet bekommt. Davon bin ich überzeugt", sagt Gal Lotan. Und weil in Berlin die Klientel besonders sei, habe man sich entschieden, das Gericht nur in vegetarischer Version anzubieten. „Aber man kann sie natürlich auch mit Fleisch füllen, jeder wie er es mag."

Yemen Express serviert die Teigrollen zum Beispiel mit frischem Gemüse, Eiern, Humus, Sesampaste, orientalischen Gewürzen und einer Tomatensoße. Und das Geheimnis des Gerichts? Was ist die geheime Zutat, die der „Malawach" den letzten Pfiff gibt? „Es muss mit Liebe zubereitet werden – das ist es", sagt Gal Lotan. Und genau das versuchen die beiden Geschäftsführer so oft wie möglich selbst zu tun, wenn sie nicht mal wieder um die Welt reisen und so lange ihren Kollegen den Stand überlassen. Zu finden sind sie regelmäßig beim Street Food Thursday in der Markthalle Neun, beim Bite Club und auf verschiedenen Festivals in der Hauptstadt und ganz Deutschland.

(Foto: Amin Akhtar)

(Foto: Amin Akhtar)

STREET Food MÄRKTE

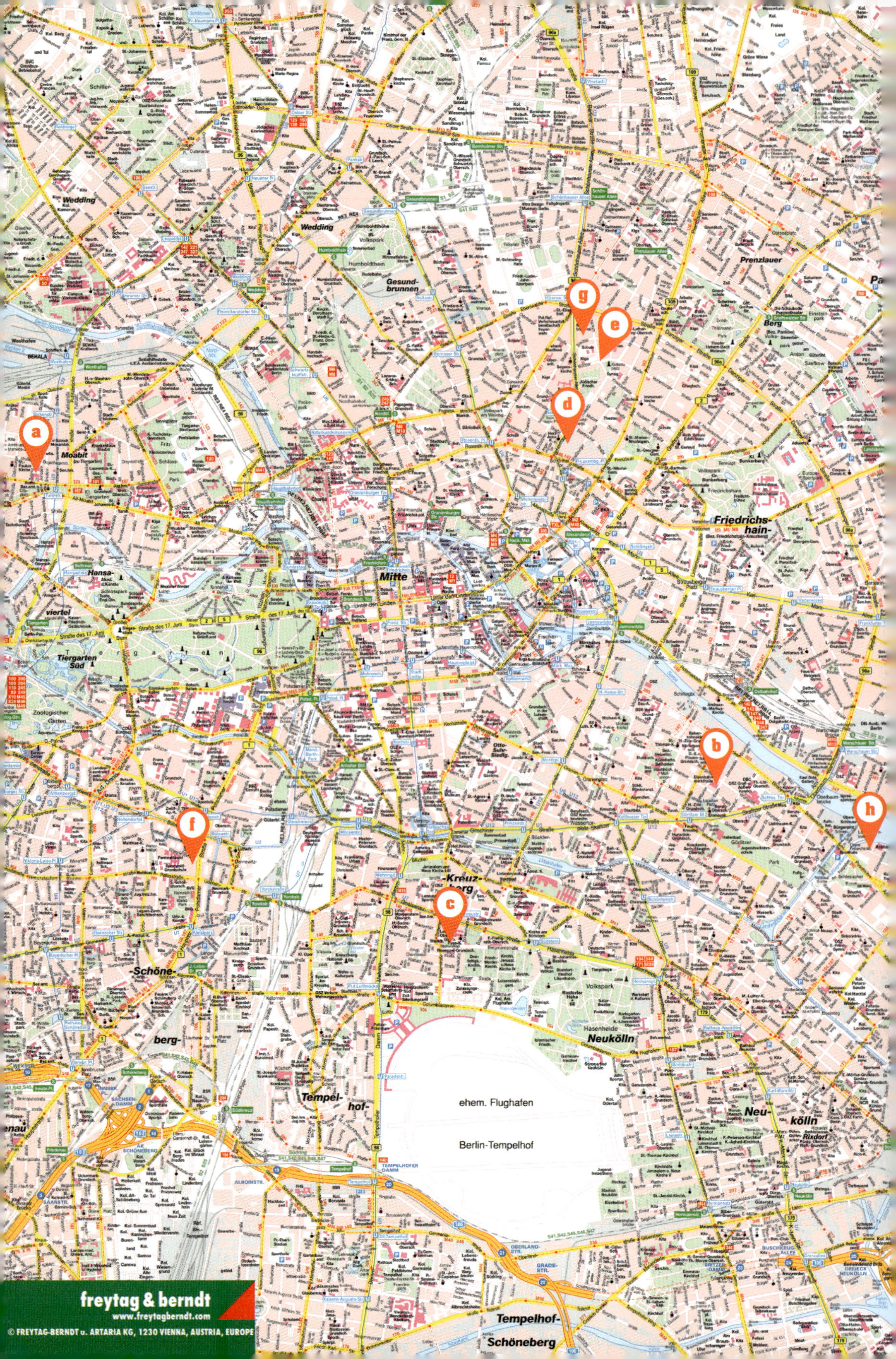
Wedding
Gesund-
brunnen
Prenzlauer
Berg
Moabit
Friedrichs-
hain
Hansa-
viertel
Mitte
Tiergarten
Süd
Kreuz-
berg
Schöne-
berg
Tempel-
hof
Neukölln
Neu-
kölln
ehem. Flughafen
Berlin-Tempelhof
Tempelhof-
Schöneberg
a
b
c
d
e
f
g
h

Karte

a) Arminiusmarkthalle:
Arminiusstraße 2–4, 10551 Berlin

- Verschiedene Street-Food-Stände
- Regionale Spezialitäten
- Obst, Gemüse, Fleisch, Käse

How to get there:
Öffentliche Verkehrsmittel in der Nähe
> U-BahnhaltestelleTurmstraße, Bushaltestelle Turmstraße und Rathaus Tiergarten

b) Markthalle Neun:
Eisenbahnstraße 42–43, 10997 Berlin
Pücklerstraße 34, 10997 Berlin

- Viele verschiede Street-Food-Stände
- Street Food Thursday
- Breakfast Market
- Naschmarkt

How to get there:
Öffentliche Verkehrsmittel in der Nähe
> Markthalle Neun: U-Bahnhaltestelle Görlitzer Bahnhof, Bushaltestellen, Wrangelstraße, Lausitzer Platz, Waldemarstraße/Manteuffelstraße

c) Marheineke Markthalle:
Marheinekeplatz/Bergmannstraße, 10961 Berlin

- Bio-Spezialitäten
- Regionale Ware
- Feinkost aus Italien, Griechenland, Spanien, arabischen Ländern

How to get there:
Öffentliche Verkehrsmittel in der Nähe
> U- und Bushaltestelle Gneisenaustraße und Bushaltestelle Jüterboger Straße

d) Platoon Kunsthalle:
Schönhauser Allee 8, 10119 Berlin

- Monatlicher koreanischer Street Food Markt
- Koreanische Gerichte
- Koreanische Getränke

How to get there:
Öffentliche Verkehrsmittel in der Nähe
> U-Bahn,Tram- und Bushaltestelle Rosa-Luxemburg-Platz

e) Wochenmarkt Kollwitzplatz:
Knaackstraße/Wörtherstraße, 10435 Berlin

Donnerstag
- Ausschließlich ökologische Erzeugnisse
- Käse, Brot, Öle
- Accessoires: Tücher, Mützen, Schals

Samstag
- Frisches Obst und Gemüse
- Diverse Street Food Spezialitäten
- Currywurst und Falafel

How to get there:
Öffentliche Verkehrsmittel in der Nähe
> Tramhaltestelle Marienburger Straße und Knaackstraße, U-Bahn-Senefelder Straße

f) Wochenmarkt Winterfeldtplatz:
Winterfeldtplatz 1, 10781 Berlin

- Frisches Obst und Gemüse
- Fleisch, Fisch, Käse
- Maultaschen, Apfelstrudel, gegrillten Fisch oder Bouillabaisse uvm.

How to get there:
Öffentliche Verkehrsmittel in der Nähe
> U-Bahnhof Nollendorfplatz

g) Street Food auf Achse:
Sredzkistraße 1, 10435 Berlin

- Street Food-Stände und -Trucks verschiedener Nationalitäten
- Jede Woche wechselnde Stände und Trucks
- Familienfreundlich

How to get there:
Öffentliche Verkehrsmittel in der Nähe
> Kulturbrauerei: U-Bahn Eberswalderstraße oder Senefelderplatz und Tramhaltestelle, ebenfalls Eberswalderstraße

h) Bite Club:
Eichenstraße 4, 12435 Berlin

- Foodtrucks und -stände
- Entspannte Atmosphäre

How to get there:
Öffentliche Verkehrsmittel in der Nähe
> Bushaltestelle Eichenstraße/Puschkinallee, Bushaltestelle Heckmannufer

(Foto: Amin Akhtar)

Armininusmarkthalle (Markthalle X)

Arminiusstraße 2–4
10551 Berlin

www.arminiusmarkthalle.com
www.facebook.com/arminiusmarkthalle

Gegründet am 10. Dezember 1891

Öffnungszeiten:
Montag bis Samstag: 8:00 – 22:00 Uhr,
Verkaufsstände jeweils bis 20:00 Uhr;
Samstags 18:00 Uhr, (Wein 22:00h) geöffnet –
die Gastronomie teilweise bis 22:00h (oder bei Bedarf länger).

„Ein klassischer Wochenmarkt, gemischt mit regionalen Spezialitäten sowie einem Discounter-Supermarkt.“

Abseits der Berliner In-Bezirke Kreuzberg, Neukölln und Prenzlauer Berg liegt die Arminiusmarkthalle im Stadtteil Moabit. 1891 als Markthalle X von ursprünglich 14 Berliner Markthallen eröffnet, wurde das Backsteingebäude nach Plänen des damaligen Stadtbaurates und Architekten Hermann Blankenstein erbaut. Ziel war es, in dem aufstrebenden Gewerbe- gebiet eine moderne und zentral gelegene Einkaufsmöglichkeit zu schaffen. Sie sollte im Vergleich zu herkömmlichen Marktplätzen verbesserte hygienischen Bedingungen vorweisen. Insgesamt bot die Markthalle damals 425 Ständen in zehn Gängen Platz. Architektonisch ähnelten sich alle Markthallen mit ihrem metallischen Tragsystem, einem Mittelschiff mit seitlichen Oberlichtern und zwei Querschiffen.

Durch die Zerstörung im Zweiten Weltkrieg und die Konkurrenz zu modernen Einkaufszentren sind von den ursprünglichen historischen Berliner Markthallen heute nur noch die Markthalle Neun, die Marheineke Markthalle und die Arminiusmarkthalle erhalten geblieben. Letztere wurde 2010 wiederbelebt und bietet heute eine Mischung aus klassischem Wochenmarkt mit regionalen Spezialitäten, Obst, Gemüse und Fleisch, einem Discounter-Supermarkt, Altberliner Gemütlichkeit am Stand mit belegten Brötchen und dazu einige Street-Food-Perlen, wie beispielsweise den Stand Burgerlich mit Bio-Burgern, Pignut BBQ mit über Hickory-Holz gegartem Fleisch oder Rechts vom Fischladen mit original „Fish & Chips“.

Dank ihrer Lage ist die Arminiusmarkthalle nicht so überlaufen wie beispielsweise die Markthalle Neun am Street Food Thursday. Stattdessen erwartet die Besucher eine entspannt-familiäre Atmosphäre.

(Foto: Amin Akhtar)

„Die Markthalle Neun ist mittlerweile die erste Anlaufstelle für Street- und Slow Food in Berlin."

Wenn man in Berlin einen Geburtsort für den mittlerweile stadtübergreifenden Street-Food-Trend benennen müsste, dann wäre das wohl die Markthalle Neun. Wie die Arminiusmarkthalle wurde auch die Eisenbahnhalle von Hermann Blankenstein entworfen. Die Fläche beträgt 3296 Quadratmeter, eröffnet wurde sie 1891 für den Verkauf von Waren des täglichen Bedarfs. Seit den 1970er-Jahren wurde die Markthalle Neun von verschiedenen Discountern genutzt, 2011 übernahmen Nikolaus Driessen, Florian Niedermeier und Bernd Maier die Halle. Die heutigen Betreiber überzeugten die Stadt Berlin mit dem Konzept, die Markthalle als neuen Mittelpunkt für den Bezirk Kreuzberg zu gestalten. Unter dem Architekten Peter Lemburg wurde sie saniert und am 1. Oktober 2011 neu eröffnet.

In der Markthalle Neun finden sowohl traditionelle Wochenmärkte statt, aber auch saisonale Veranstaltungen und ausgefallene Events machen sie zur ersten Anlaufstelle für Street- und Slow Food in Berlin. Vor allem der wöchentliche Street Food Thursday ist über die Grenzen der Stadt hinaus bekannt. Jeden Donnerstag kommen Tausende junge und alte Berliner, Touristen, Hipster und alteingesessene Kreuzberger, um kulinarische Köstlichkeiten aus aller Welt zu probieren – und nehmen dafür auch gerne längere Schlangen in Kauf. Dienstags, freitags und samstags ist in der Marthalle Neun Wochenmarkt. Hier werden neben Obst und Gemüse, ähnlich wie am Street Food Thursday, auch fertige Gerichte verkauft, sowie veganer Käsekuchen, Pulled Pork, spanische Tapas oder Austern. In der Kantine, die jedoch nicht nur während des Wochenmarkts geöffnet hat, kann man den Köchen beim Zubereiten der Gerichte zugucken oder es gibt selbst geräucherten Fisch von Glut & Späne.

Am Street Food Thursday gilt das Motto „Rund um den Globus". Gerichte aus der ganzen Welt werden dort größtenteils frisch hergestellt. Gegessen werden kann – wenn man rechtzeitig da ist – an Biertisch-Garnituren oder im Stehen. An jedem dritten Sonntag im Monat steht Breakfast Market in der Markthalle Neun auf dem Programm. Angefangen bei Frühstückskreationen wie „Eggs Benedict" über vietnamesischen Frühstücksbrei bis zum Weizengras-Smoothie: Das Frühstücksangebot ist mehr als reichhaltig. Daneben werden Kochbücher und Magazine angeboten, handgearbeitete Teetassen, Marmeladen aus eigener Herstellung und Kaffee aus unabhängigen Röstereien.

Der Berliner Naschmarkt findet an drei Sonntagen im Jahr ebenfalls in der Markthalle Neun statt. Die Idee des Naschmarkts beruht auf dem Konzept „Ein Tag im Schlaraffenland". An diesem Tag sind Berlins kreativsten Zuckerbäcker an einem Ort vereint. Im Mittelpunkt steht zum einen die Qualität des Naschwerks und zum anderen die Art der Herstellung. Alles ist in liebevoller Handarbeit entstanden. Zum Probieren und Kaufen gibt es Schokolade, Kuchen, Torten, kurz gesagt, alles was das Herz von Süßigkeitenfans höher schlagen lässt.

(Foto: Amin Akhtar)

Markthalle Neun – Eisenbahnhalle

Eisenbahnstraße 42–43
Pücklerstraße 34
10997 Berlin

www.markthalleneun.de
www.facebook.com/MarkthalleNeun

Öffnungszeiten:
Dienstag: 12:00 – 20:00 Uhr
Donnerstag: 7:00 – 22:00 Uhr
Freitag: 12:00 – 20:00 Uhr
Samstag: 10:00 – 18:00 Uhr
Sonntag: 10:00 – 17:00 Uhr

(Foto: Amin Akhtar)

(Foto: Amin Akhtar)

Marheineke Markthalle

Marheinekeplatz/Bergmannstraße
10961 Berlin

www.meine-markthalle.de

Öffnungszeiten:
Montag bis Freitag: 8:00 – 20:00 Uhr
Samstag: 8:00 – 18:00 Uhr

(Foto: Amin Akhtar)

„Weniger Street Food – mehr Feinkost."

Die Marheineke Markthalle ist eine von ursprünglich 14 Markthallen, die von dem Architekten Hermann Blankenstein entworfen und gebaut wurden. 1892 wurde die Marheineke Markthalle eröffnet. Von den drei noch verbliebenen Markthallen in Berlin ist sie die kleinste.

Ursprünglich wurden in der Halle Waren an bis zu 290 Ständen verkauft. Während des Ersten Weltkriegs diente die Markthalle rund 15000 Berlinern als Suppenküche.

Im Zweiten Weltkrieg wurde die Marheineke Markthalle fast vollständig zerstört, jedoch schon kurze Zeit später wieder als Umschlagplatz für Lebensmittel genutzt. Unter der Anleitung der Architekten Paul Friedrich Nieß wurde die Marheineke Markthalle in den 1950er-Jahren wieder aufgebaut. 2007 wurde sie mit einem neuen Konzept wieder eröffnet. Auf 2500 Quadratmeter werden hier Bio- und regionale Produkte aus der Uckermark sowie Feinkost aus Italien, Griechenland, Spanien und arabischen Ländern angeboten. Im Gegensatz zu den anderen beiden Markthallen werden in der Marheineke Markthalle weniger typische Street-Food-Gerichte angeboten. Die Speisen zeichnen sich vor allem durch ihre hohe Qualität aus. Die Marheineke Markthalle wird täglich von bis zu 13000 Menschen besucht.

(Foto: Amin Akhtar)

„Der Markt bietet seinen Besuchern die Gelegenheit, für einen Abend in die koreanische Welt einzutauchen."

Das Vorbild der Platoon Kunsthalle ist eine gleichnamige Kunsthalle in Seoul. In Berlin ist die Platoon Kunsthalle in Foodie-Kreisen für den Pojangmacha - Korean Street Food Market bekannt. Der Name bedeutet soviel wie „Essen auf Rädern".

Jeden ersten Freitag im Monat bieten dort etwa fünf wechselnde Stände bis spät in die Nacht authentisches koreanisches Street Food an. Das Event wurde von den drei Machern der Son Kitchen initiiert, die zuvor bereits in Charlottenburg den koreanischen Jugendverein Hangaram e.V. betrieben.

Zur Fußballweltmeisterschaft 2014 waren sie auf der Suche nach einem Ort, an dem sie die koreanischen Spiele auf großer Leinwand übertragen und dabei Essen verkaufen konnten. Seitdem hat sich die Veranstaltung nicht nur in der koreanischen Community Berlins etabliert. Jedes Mal bilden sich zum Pojangmacha - Korean Street Food Market vor der Platoon Kunsthalle lange Schlangen.

Der Markt bietet seinen Besuchern die Gelegenheit, für einen Abend komplett in die koreanische Welt einzutauchen, ihren Geschmack zu erleben, Gerüche wahrzunehmen und die Geräusche der koreanischen Street-Food-Kultur kennenzulernen. Die Veranstaltung beginnt um 18:00 Uhr und endet erst spät am Abend. Die Stände arbeiten mit offenen Küchen, sodass man bei der Zubereitung der Speisen zugucken kann.

Für alle, die später noch in die Berliner Clubszene abtauchen wollen, bietet der koreanische Reisbranntwein „Soju" oder der Reislikör „Makgeoii" den perfekten Start in die Nacht.

(Foto: Amin Akhtar)

Platoon Kunsthalle

Schönhauser Allee 9
10119 Berlin

Telefon: 030 28882160

www.platoon.org
www.facebook.com/platoon.berlin

Preise:
Eintritt zum Pojangmacha Korean Street Food Market: 2 €

(Foto: Amin Akhtar)

Wochenmarkt am Kollwitzplatz

Knaackstraße/Wörtherstraße
10435 Berlin

Öffnungszeiten:
Samstag 9:00 – 16:00 Uhr
Donnerstag 12:00 – 19:00 Uhr

„Auf den ersten Blick ist es kein typischer Wochenmarkt – hier gibt es viel mehr zu entdecken.“

Auch wenn der Wochenmarkt am Kollwitzplatz auf den ersten Blick nicht gleich der typische Street-Food-Markt ist, gibt es besonders am Samstag sehr viel zu entdecken. Und so kann man beim Marktbummel Frühstück und Mittagessen gleich vor Ort genießen – zumindest wenn das Wetter mitspielt.

Neben frischem Obst und Gemüse gibt es immer wieder Essen „auf die Hand“ – seien es französische Crêpes, Falafel oder Currywurst mit Trüffelpommes und Blattgold. Grundsätzlich wird auf dem Markt sehr viel Wert auf die Qualität der Ware gelegt: Besonders am Donnerstag, wenn in Prenzlauer Berg der Ökomarkt stattfindet, werden ausschließlich ökologische Erzeugnisse und Naturkost verkauft. Am Samstag können die Besucher des Marktes auch ein paar Austern mit Champagner verkosten, es gibt ausgefallene Süßigkeiten oder Fischbrötchen – also eigentlich für jeden Geschmack etwas. Typisch für Berlin werden viele Lebensmittel auch in vegetarischer oder veganer Variante angeboten. Wenn es Fleisch gibt, dann stammt es aus artgerechter Tierhaltung und auch die Blumen kommen von regionalen Erzeugern.

Neben Lebensmitteln bietet der Markt ein großes Sortiment an handgefertigter Kleidung und Accessoires. Die Kunsthandwerker bieten je nach Saison Tücher, Mützen, Schals und Taschen zum Kauf an.

(Foto: Amin Akhtar)

„Hungrig muss keiner nach Hause gehen."

Weit über die Grenzen des Stadtteils Schöneberg hinaus ist der Wochenmarkt am Winterfeldtplatz in Berlin bekannt. Er findet zweimal wöchentlich, mittwochs und samstags, an der St.-Matthias-Kirche statt. Und es gibt zwei Gründe, weshalb es sich lohnt, den Wochenmarkt zu besuchen: Zahlreiche Stände bieten eine riesige Auswahl an frischen Waren an – Obst, Gemüse, Fleisch, Fisch, Käse. Aber auch in Sachen Street Food hat der Markt nahe des U-Bahnhofs Nollendorfplatz einiges zu bieten. Hungrig muss keiner nach Hause gehen, denn besonders am Samstag bieten viele Stände bereits fertige Gerichte an, seien es schwäbische Maultaschen, gefüllt mit Fleisch oder mit Käse und Spinat, Kartoffelsalat, Wiener Apfelstrudel, Falafel, frisch gegrillter Fisch oder Bouillabaisse. Es sind weniger die filigranen, sondern eher die handfesten, deftigen Gerichte, über die sich die Besucher in Schöneberg freuen können.

Besonders im Sommer genießen viele Berlin-Besucher einen Bummel über den Wochenmarkt, nicht alleine wegen des hausgemachten Eises. Auch die aus Sibirien stammenden „Pelmenis" – mit Fleisch gefüllte Teigtaschen – gelten als kulinarische Highlights auf dem Markt, genau wie Currywurst, Lammwürstchen und Crêpes. Zusätzlich werden unterschiedlichste orientalische, chinesische und andere internationale Spezialitäten angeboten.

Nach dem Streifzug über den Markt können die Einkäufe fürs Wochenende getätigt werden, bis der Markt dann um 16:00 Uhr schließt. Im Anschluss bietet sich ein Besuch in einem der vielen Cafés in den umliegenden Straßen an.

(Foto: Amin Akhtar)

(Foto: Amin Akhtar)

Wochenmarkt am Winterfeldtplatz

Winterfeldtplatz 1
10781 Berlin

Öffnungszeiten:
Mittwoch 8:00 – 14:00 Uhr
Samstag 8:00 – 16:00 Uhr

(Foto: streetfoodaufachse.de)

Street Food auf Achse

Kulturbrauerei
Sredzkistraße 1
10435 Berlin

www.streetfoodaufachse.de

Öffnungszeiten:
Sonntag 11:00 – 18:00 Uhr

Geschäftsführer/ Organisatoren:
Michael Wiegner,
Jörg Hübner

(Foto: streetfoodaufachse.de)

„Wir sehen unseren Markt als einen an, auf dem es etwas für alle gibt. Für Familien mit Kindern, für ältere Leute, für Touristen."

Ein Markt für alle, die auf gutes Essen stehen: Mit diesem Ziel organisieren die Berliner Gastronomen Michael Wiegner und Jörg Hübner jeden Sonntag den Markt, Street Food auf Achse auf dem Gelände der Kulturbrauerei in Prenzlauer Berg. Verschiedene Stände und Foodtrucks säumen die Gänge rund um die alte Fabrik, wobei etwa die Hälfte der Standbetreiber regelmäßig mit dabei ist, die andere Hälfte immer wieder wechselt – was zu einer bunten kulinarischen Mischung führt. Es gibt Spezialitäten aus der ganzen Welt: von hausgemachten Pies über Wild-Burger bis hin zu Gnocchi oder Pulled Pork. Andere Stände bieten Gerichte aus Südkorea, dem Jemen und Brasilien an. Auch aus dem nicht ganz so weit entfernten Österreich oder der Schweiz werden Köstlichkeiten präsentiert. Wiener Schnitzel und Raclette werden jedoch nicht traditionell serviert, sondern eher neu interpretiert, also zum Beispiel als „Schnitzel-Burger" oder mit außergewöhnlichen Zutaten.

Entstanden ist der Street-Food-Markt aus der Idee heraus, Trucks und Ständen, die auf anderen Street-Food-Märkten keinen Platz gefunden haben, einen Standort auf dem Gelände der Kulturbrauerei anzubieten. Um als Neuling bei Street Food auf Achse dabei sein zu dürfen, müssen sich die Bewerber mittlerweile auch hier auf eine Warteliste setzen lassen. Eine Chance bekommt jedoch jeder. „Wir haben immer mehr Bewerbungen als Platz. Aber wir haben den Anspruch, dass alle zeigen dürfen, was sie können", sagt Organisator und Gastro-Experte Michael Wiegner. Jeder, der neu ist, darf sich einmal auf dem Markt mit seinem Stand ausprobieren. Dann werden die angebotenen Speisen der Qualitätskontrolle der Organisatoren und Mitbewerber unterzogen. „Wir müssen einfach ausprobieren, ob jemand wirklich in die Mischung passt", sagt Michael Wiegner. „Dazu gehören sowohl die Studenten, die die Rezepte ihrer Oma neu interpretieren, als auch die, die sich mit exotischen Rezepten aus dem Afrikaurlaub ausprobieren wollen." Damit der Street-Food-Markt auch im Winter belebt ist, werden auf dem Hof der Kulturbrauerei Feuerkörbe aufgestellt. Schirme bieten Schutz vor Regen. Einen echten Grund, nicht beim Markt vorbeizuschauen, gibt es also nicht.

(Foto: streetfoodaufachse.de)

„Wir lieben die Street-Food-Szene und wollten unsere internationalen Erfahrungen mit nach Berlin bringen."

Neben der Markthalle Neun gehört der Bite Club zu den Pionieren in Sachen Street Food in Berlin. 2013 wurde von den beiden Organisatoren Tommy Tannock und Miranda Zahedieh, beide ursprünglich aus London, der Street-Food-Markt am Uferstreifen der Spree in Treptow ins Leben gerufen. Die beiden Briten sind aufgrund ihrer Jobs (Miranda Zahedieh ist Designerin, Tommy Tannock ist Journalist und Berater) viel herumgekommen und haben den Trend sowohl in ihrer Heimat als auch in New York kennengelernt. In beiden Städten sind Foodtrucks und Straßenmärkte allgegenwärtig. Inspiriert wurden sie auch durch die „echten" asiatischen Street-Food-Märkte, die Tommy bei seinen vielen Reisen kennengelernt hatte. Und an genau dieses Konzept knüpft der Bite Club an. „Wir hatten die Idee, diesen Spirit nach Berlin zu bringen. Wir sind beide große Foodies, lieben die Szene und wollten unsere internationalen Erfahrungen mit in die Berliner Food-Szene einbringen", sagt Miranda Zahedieh. Sie ist von dem großen kulinarischen Potenzial der Stadt überzeugt, weiß aber auch, dass es selbst für die besten Köche riskant sein kann, einen eigenen Laden zu eröffnen.

Und so versammeln sich im Sommer alle 14 Tage am Freitag auf dem Uferstreifen an der Spree und auf der Hoppetosse zahlreiche bunte Stände und Foodtrucks, die den Besuchern einen kompletten Querschnitt internationaler kulinarischer Spezialitäten bieten. Es gibt kaum einen Kontinent, der nicht auf dem Markt vertreten ist. Viele Berliner Köche starteten ihre Street-Food-Karriere im Bite Club und haben mittlerweile erfolgreich Restaurants eröffnet. Beim Bite Club schmecken die Gäste, dass die Gastronomen den Markt als eine Art Spielwiese ansehen, um zu testen, ob – und vor allem wie – ihre Kreationen bei den Berlinern ankommen. Ein spannendes Erlebnis!

(Fotos: biteclub.de)

(Fotos: biteclub.de)

Bite Club

Eichenstraße 4
12435 Berlin

www.biteclub.de
www.facebook.com/biteclubberlin

Öffnungszeiten:
Im Sommer alle zwei Wochen freitags, im Winter siehe Homepage.

Küche:
International

Preise:
Speisen 4 – 6 €
Drinks zwischen 3 – 5 €
gefrorener Rumcocktail 5 €
Wein 5 €

(Foto: Amin Akhtar)

STREET Food GEHEIM-TIPPS

(Foto: etfoto/fotolia.com)

Türkischer Markt

Maybachufer Neukölln

Anfahrt:
U-Bahn Linie 8, Haltestelle Schönleinstraße oder Kottbusser Tor
Oder: Bus Linie 140

www.tuerkenmarkt.de

Öffnungszeiten:
Jeden Dienstag und Freitag 11:30 – 18:00 Uhr

„Ein absolutes Muss."

Seinen Namen verdankt der Markt den türkischen und orientalischen Spezialitäten, die jeden Dienstag und Freitag am Maybachufer, an der Grenze der Bezirke Neukölln und Kreuzberg, angeboten werden. An den Ständen werden zum Beispiel frische Kräuter büschelweise verkauft. Auch die Auswahl an Obst und Gemüse ist vielfältig, es gibt je nach Jahreszeit beispielsweise süße Melonen, saftige Pfirsiche oder scharfe Peperoni. Ein absolutes Muss ist es, die nach türkischer Art eingelegten Oliven und den Schafskäse zu probieren. Zudem wird Fleisch mit typisch orientalischer Zubereitungsart oder in würzig riechenden Marinaden angeboten. Für alle, die Süßes lieben, gibt es außerdem reichlich Auswahl an türkischen und orientalischen Süßigkeiten, wie zum Beispiel türkischen Honig oder Halva. Es werden aber nicht nur Lebensmittel, sondern auch viele orientalische Gerichte, die definitiv die Bezeichnung Street Food verdienen, angeboten. Dazu gehören zum Beispiele Kebab im Brot oder Falafel, die sozusagen aus mobilen Döner-Bunden heraus verkauft werden. Neben den vielen Lebensmitteln gibt es zudem eine bunte Auswahl an Kleidern, Accessoires und Stoffen. Kurz gesagt: Hier findet man alles, was es auch am Bosporus gibt.

Die Atmosphäre auf dem türkischen Markt erinnert an einen bunten, multikulturellen Basar. Fast an jedem Stand bekommt man eine Kleinigkeit zum Probieren in die Hand gedrückt. Das Obst und Gemüse wird nicht einfach verkauft, sondern laut angepriesen und die Händler feilschen allzu gerne mit ihren Kunden um den Preis der Waren.

(Fotos: etfoto/fotolia.com)

„Einzigartige Gourmetabende …“

Für alle Food-Liebhaber ist besonders eine Woche im Jahr im Kalender rot markiert: die Berlin Food Week. Zwar ist das Thema Street Food nicht unbedingt das zentrale Thema der Woche, doch bietet sie eine Möglichkeit, viele neue kulinarische Eindrücke von Berlin kennenzulernen.

Es gibt unter anderem die Veranstaltung „Stadtmenü“, an der mehr als 50 Berliner Restaurants teilnehmen. Alle Restaurants kochen an diesem Abend nach dem gleichen Motto, jedoch können alle Gastronomen dieses nach eigenem Ermessen interpretieren.

Das Herzstück der Berlin Food Week ist das sogenannte „House of Food“, das sogenannte Hauptquartier der Food Week, an dem Besucher über einige Tage hinweg das gesamte Spektrum der kulinarischen Vielfalt Berlin präsentiert wird. Es werden Köche aus den verschiedensten Restaurants eingeladen, um direkt vor Ort ihre Gerichte zu zaubern. Ein anderes Konzept verfolgt die „Food Clash Canteen“, eine weitere Anlaufstelle während der Food Week: Spitzenköche zeigen an verschiedenen Abenden ihr Können zu unterschiedlichen Themen. Einzigartige Menüfolgen sind dadurch garantiert, sodass ein Besuch für Food-Liebhaber ein absolutes Muss ist.

Alles in Allem bietet die Berlin Food Week seinen Besuchern eine große Auswahl an verschiedenen Events rund um das Thema „Essen und Genuss“ und lädt dazu ein, die kulinarische Vielfalt Berlins kennen zu lernen.

(Foto: berlinfoodweek.de)

(Foto: berlinfoodweek.de)

Berlin Food Week

Reinhardtstraße 37
10117 Berlin

www.berlinfoodweek.de

Öffnungszeiten:
01. – 08. Oktober 2016

(Foto: berlinfoodweek.de)

(Foto: Amin Akhtar)

Dong Xuan Center

Herzbergstraße 128–139
10365 Berlin

Telefon: 030 55152038

www.dongxuan-berlin.de

Öffnungszeiten:
Montag bis Sonntag 10:00 – 20:00 Uhr
Dienstag ist Ruhetag

„Hier findet täglich buntes Treiben statt."

Das Dong Xuan Center befindet sich mitten im Berliner Bezirk Lichtenberg, genauer in dessen Industriegebiet. Hinter dem eigenwilligen Namen verbirgt sich ein vietnamesisches Center, das ursprünglich als Großmarkt für Kleidung gegründet wurde. Das Center wurde nach dem Vorbild des Xuan-Marktes in Hanoi konzipiert. Dieser ist der größte und älteste Markt der vietnamesischen Hauptstadt.

Die Restaurants, die sich in dem Einkaufszentrum befinden, gelten als die besten vietnamesischen Restaurants der Stadt. Nirgendwo kann man die Nationalsuppe „Phò" – mit Huhn oder Rind zubereitet – so stilecht erleben, wie hier. Neben dem Nationalgericht gibt es unter anderem auch Frühlingsrollen, andere Nudelsuppen oder Wok-Gerichte zu probieren. Der starke, schwarze vietnamesische Kaffee, der immer sehr süß getrunken wird, macht nach einer Erkundungstour durch die Hallen wach und sollte auf jeden Fall probiert werden.

Neben den Restaurants gibt es in den sechs Wellblechhallen des Dong Xuan Centers jedoch mittlerweile nicht mehr nur Kleidung zu kaufen, sondern es haben sich viele verschiedene vietnamesische Betriebe etabliert. Dazu gehören auch Frisöre, Nagelstudios, Fahrschulen und Elektrogeschäfte. Das Center ist für viele in Berlin lebende Vietnamesen nicht nur ein Ort, an dem man schnell seine täglichen Einkäufe erledigen kann. Für viele ist es eine Stückchen Heimat in Berlin. Jugendliche treffen sich auf einen Tee oder zu einem gemeinsamen Besuch beim Frisör. Wer also einen Abstecher nach Vietnam machen will, sollte einen Ausflug nach Lichtenberg wagen.

(Foto: Amin Akhtar)

„Für jeden, der Fan asiatischer Küche ist …"

Eigentlich müsste man sagen, dass das wöchentliche Street-Food-Event auf der Thaiwiese im Preußenpark überhaupt nicht existiert. Eine Genehmigung für das Kochen im Preußenpark hat keiner der vielen Köche, die die asiatischen Spezialitäten an den kleinen, provisorischen Ständen anbieten.

Ursprünglich war das Koch-Event ein wöchentliches Treffen thailändischer Großfamilien, die sich regelmäßig am Sonntag im Park versammelten. Eines Tages begannen die Familien damit, ihr Essen nicht fertig zubereitet mitzubringen, sondern direkt vor Ort zu kochen.

Inzwischen kochen die Familien für die Besucher im ganzen Park. Für jeden, der Fan der asiatischen Küche ist, ist dieses wöchentliche Event eine einzigartige Gelegenheit, authentische, asiatische Gerichte zu einem kleinen Preis zu probieren. Es versammeln sich auch nicht jeden Sonntag die gleichen Köche auf der Thaiwiese im Preußenpark, sondern es kommen immer wieder neue dazu. Am Samstag und Sonntag sind schon aus der Ferne die vielen Sonnenschirme zu sehen, die als Erkennungszeichen des Street-Food-Events gelten.

Die Lebensmittel werden in Kühlboxen transportiert, um sie dann auf kleinen Kochern zu dämpfen, zu frittieren, zu braten oder zu kochen. Es werden verschiedenste Gerichte aus unterschiedlichen asiatischen Ländern angeboten, zum Beispiel koreanisch, vietnamesisch, thailändisch, chinesisch und japanisch. Experten meinen: Der hiesige „Papaya-Salat" schlägt selbst den vieler Märkte in Thailand.

(Fotos: Kathleen Jaedtke)

(Fotos: Kathleen Jaedtke)

Thaiwiese im Preußenpark

Fehrbelliner Platz
10707 Berlin

Öffnungszeiten:
Je nach Wetter Samstag und Sonntag
von 10:00 – 20:00 Uhr

Küche:
Asiatische Spezialitäten

(Foto: Amin Akhtar)

Danke

Wer sich nur im Entferntesten für gutes Essen interessiert und darunter keinen Besuch beim Fast-Food-Riesen oder Spaghetti mit Tomatenketchup versteht, der kommt in Berlin schon seit einigen Jahren nicht um Street Food herum. Doch selbst als Urberlinerin und Hamburgerin mit langjähriger Wahlheimat an der Spree hatten wir vor der Recherche für dieses Buch keine Vorstellung, welche kulinarischen Schätze die Stadt fernab von Sterneküche und Kultrestaurants wirklich bereithält. Also gingen wir auf Entdeckungsreise – zum Teil gemeinsam, zum Teil allein – und fanden dabei unaussprechliche Gewürze, fremdländische Geschmackserlebnisse und Sprachbarrieren, die am Ende mit Händen und Füßen überwunden werden konnten. Das alles im Dienste der eigenen kulinarischen Neugier und natürlich, um den Lesern am Ende mit gutem Gewissen die wirklich Besten der Besten präsentieren zu können.

Vorab sei gesagt, dass die Umsetzung dieses Unterfangens angesichts der großen Auswahl beinahe unmöglich war. Wer also sich selbst oder seinen Favoriten vermisst, der nehme es uns nicht übel. Vielleicht war Ihr Stand genau an dem Tag nicht geöffnet, als wir diesen besucht haben, vielleicht haben Sie erst nach unseren Recherchen eröffnet oder vielleicht liegt es auch daran, dass wir irgendwann schweren Herzens ein Ende finden mussten. Aus der Erfahrung und als Tipp können wir sagen: Wer einmal anfängt, sich durch das Street-Food-Labyrinth Berlins zu essen, dem eröffnet sich ein ganz eigener Mikrokosmos. Ein Händler kennt den anderen, empfiehlt einen Freund, der wiederum ganz sicher noch einen Laden kennt, den Sie unbedingt noch ausprobieren müssen – ein Ende ist nicht in Sicht.

Was wir definitiv gefunden haben, sind Menschen, die allein für sich schon ein Buch wert wären. Sei es der Opernsänger, der sich dem Barbecue verschrieben hat, die indische Designerin, die die Küche ihrer Eltern in die Hauptstadt bringen will oder die beiden jungen Männer aus Israel, die nur so viel arbeiten, dass sie sich ihre Weltreisen finanzieren können: Jeder einzelne Protagonist dieses Buches hat seine eigene Geschichte zu erzählen und eine ganz eigene Definition dafür, was die Liebe zum Essen für ihn bedeutet. All jenen danken wir für ihre Offenheit, für ihr Vertrauen und für die vielen neuen kulinarischen Eindrücke.

Schlanker sind wir bei den Recherchen sicherlich nicht geworden, jedoch reicher an Geheimtipps, die wir nun sowohl an Berlin-Besucher als auch an die Bewohner der Hauptstadt weitergeben wollen. Wir hoffen, dass die Leser genau so viel Spaß und Genuss am Essen erfahren, wie wir es im vergangenen Jahr getan haben. Also: Macht euch auf, entdeckt euren Kiez und traut euch hinaus in andere Ecken der Stadt. Es gibt viel zu entdecken!

Bezirke

*1 Filiale am Bahnhof Zoologischer Garten: Hardenbergplatz 9, 10623 Berlin
*2 Filiale Mehringdamm: Mehringdamm 36, 10961 Berlin
*3 Filiale 1: Weinbergsweg 5, 10119 Berlin

*4 Filiale 2: Schönhauser Allee 44, 10435 Berlin
*5 Filiale 1: Hufelandstraße 7, 10407 Berlin
Filiale 2: Pasteurstraße 32, 10407 Berlin

Rolf Friesz

Feuer und Flamme

Damit das erste Dinner gleich zum gemeinsamen Frühstück führt … Ein Buch für Männer, die sich einer neuen Herausforderung stellen und nun bereit sind, sich für eine Auserwählte im wahrsten Sinne des Wortes „nackig" zu machen. Und das an einem Ort, der angeblich ihre Domäne ist: „dem Herd". Entspannte und einfache, dennoch genial innovative Rezepte fürs erste Date. Aufgegliedert nach Frauentypen – von der Zicke bis zur Richtigen – mit einem kräftigen Schuss Humor und der nötigen Portion Selbstironie. Kurze Anekdoten und Erfahrungsberichte zum Thema Dating und Kochen.

160 Seiten I Flexcover I ISBN 978-3-8404-7039-4 ebook

Angelina Paustian

Manga Kochbuch

Manga meets Kochkunst! Dieses aufregende Buch kombiniert Fotos von japanischen Gerichten mit Manga-Charakteren und Comic-Strips. Die Autorin garantiert für authentischen Geschmack und hat Rezepte ausgewählt, die ideal für den Einstieg in die japanische Küche geeignet sind. Durch die Präsentation im Manga-Stil wird man schon bei den Vorbereitungen nach Japan entführt.

96 Seiten I broschiert I ISBN 978-3-8404-7035-6 ebook

CADMOS

Barbara Kunze und Jan Bahr

Das Burger-Kochbuch

Burger gibt es nicht nur als genormtes Fast Food! Im umfangreichen Rezeptteil beweist das Autorenteam, dass Burger nicht nur eine wertvolle Mahlzeit darstellen, sondern auch in unzähligen Varianten zubereitet werden können: Mit Wildschwein-, Lamm- oder Straußenfleisch, vegetarisch mit Falafel oder Halloumi u.v.m. Sogar das Originalrezept jener Bäckerei, die die Burger-Buns exklusiv für „Die Burgermacher" bäckt, wird verraten. Zudem gibt es Informatives in Hülle und Fülle um die Zutaten, das Würzen und Zubereiten von Fleisch, das perfekte Timing und etliche Varianten zu den angeführten Rezepten.

96 Seiten I Klappenbroschur I ISBN 978-3-8404-7002-8 ebook

Henning Plötz

Matjes Rebellion

Matjes zählt zu den beliebtesten norddeutschen Spezialitäten. Jeder Matjes ist ein Hering, aber nicht jeder Hering eignet sich für die Veredelung zum Matjes. Der als Retter der Matjeskultur angesehene Autor hat die regionale, traditionelle Matjesproduktion nach alt überbrachten Rezepten und Verfahren wieder aufleben lassen. Diese ausführliche Matjeskunde wird ergänzt durch historische Rückblicke zu dem Auf und Ab der Heringsfischerei und durch zahlreiche, von Spitzenköchen entwickelte, Matjesrezepte zum Nachkochen.

96 Seiten I Klappenbroschur I ISBN 978-3-8404-3507-2

Karin Iden

Das Grünkohl Revival

Grünkohl genießt seit den letzten zwei Jahren, besonders bei Veggie-Fans, als „Kale" in New York höchstes Ansehen. Er avancierte zum Star auf dem New Yorker Gemüsemarkt. Der Grund: die inneren gesunden Werte des Kohls und die unendlich vielen Möglichkeiten, den Grünkohl auf leichte Art zu zubereiten. Die Schauspielerinnen Jennifer Aniston und Gwyneth Paltrow sind ganz „Kale"-verrückt nach diesem Gemüse. Auch bei uns ist festzustellen, dass auf unseren Wochenmärkten oft schon zwei bis drei unterschiedliche Grünkohlsorten angeboten werden. Und so ist die Grünkohl-Welle auch bei uns angekommen. Grünkohl ist hipp – ganz Berlin trinkt Grünkohl-Smoothies.

96 Seiten I Softcover I ISBN 978-3-8404-7036-3 ebook

Cadmos Verlag GmbH
Röntgenstraße 24
D-21493 Schwarzenbek

Tel. +49 (0)4151/87907-0
Fax +49 (0)4151/87907-12
www.cadmos.de

CADMOS